Andreas Krenner

Underachiever - Hochbegabte Problemkinder

Andreas Krenner

Underachiever - Hochbegabte Problemkinder

Diplom.de

Bibliografische Information der Deutschen Nationalbibliothek:

Bibliografische Information der Deutschen Nationalbibliothek: Die Deutsche Bibliothek verzeichnet diese Publikation in der Deutschen Nationalbibliografie; detaillierte bibliografische Daten sind im Internet über http://dnb.d-nb.de/ abrufbar.

Copyright © 2007 Diplomica Verlag GmbH
Druck und Bindung: Books on Demand GmbH, Norderstedt Germany
ISBN: 978-3-8428-7310-0

http://www.diplom.de/e-book/273839/underachiever-hochbegabte-problemkinder

Inhaltsverzeichnis

Abstract

Die vorliegende Diplomarbeit beschäftigt sich mit dem Phänomen des Underachievements im Bereich der Hochbegabung.

Im theoretischen Teil wird zunächst der Begriff der Hochbegabung definiert, gefolgt von Modellen und Identifikations- und Fördermaßnahmen.

Der Hauptteil behandelt die Thematik des Underachievers. Fragen wie „Was ist ein Underachiever?", „Wie wird man dazu gemacht?" werden dabei ebenso behandelt wie die theoretischen Möglichkeiten Underachiever zu erkennen und zu identifizieren. Am Ende finden sich Beispiele für konkrete Hilfs- und Fördermaßnahmen.

Im praktischen Teil steht ein für den Pflichtschulbereich entwickelter, leicht zu handhabender Fragebogen im Zentrum. Mit Hilfe dessen und den Anregungen in der Folge ist es eventuell möglich, Underachiever schon im Vorfeld, bei Verdacht, schnell und einfach zu identifizieren.

Die wissenschaftliche Überprüfung der Gültigkeit/Nichtgültigkeit war zum Zeitpunkt der Abgabe dieser Diplomarbeit noch im Gange, sie steht aber unmittelbar bevor.

Für eine Lösung der Underachievement-Problematik des Kindes könnten die beschriebenen Hilfs- und Beratungsmaßnahmen auf breiter Basis sorgen. Schließlich werden mögliche Vorgangsweisen beschrieben, wenn Lehrkräfte mit dem Thema in der Praxis konfrontiert sind. Es soll daraus eine Handreichung für Kolleginnen und Kollegen mit einem Abriss dieser Arbeit und dem Focus auf der Identifikation potentiell hochbegabter Underachiever durch den Fragebogen folgen.

1. Einleitung

Können Sie sich vorstellen, dass es Kinder und Jugendliche gibt, die in der Schule schlechte Leistungen bringen, nicht motiviert sind, keine Aufgaben bringen, ja sogar den Besuch der Schule verweigern? – Wahrscheinlich schon, denn als Lehrkräfte haben wir es schließlich auch mit diesen im Schulbereich zu tun.

Können Sie sich aber auch vorstellen, dass es unter diesen jungen Menschen auch welche gibt, bei denen sich bei psychologischen Tests herausstellt, dass sie IQ-Werte im Bereich von 130 und darüber haben? – Mit diesem Phänomen sind wir in der Schulpraxis vermutlich noch nicht konfrontiert worden.

Aber trotzdem gibt es auch diese Fälle von Schülerinnen und Schülern, die bedingt durch ungünstige Umstände in der Schule, im familiären Umfeld, durch negative Einflüsse von außen (Freunde, etc.), bzw. aufgrund innerpsychischer Probleme oder anderer Gründe, es nicht schaffen ihr Begabungspotential adäquat in Leistung umzusetzen. Man spricht in diesem Zusammenhang von "Hochbegabten Underachievern".

Wie kam ich zu diesem Thema? Meine Frau, der ich an dieser Stelle danken möchte für den Zugang zur vorliegenden Materie und die Durchsicht meiner Arbeit, arbeitet in einem Ambulatorium für Kinder und Jugendliche mit besonderen Bedürfnissen ("Haus der Zuversicht" in Waidhofen/Thaya, NÖ). In dieser Einrichtung versuchen etwa 20 ausgebildete Psychologinnen und Therapeutinnen jungen Leuten bei Problemen aller Art zu helfen. Meine Frau machte mich wie gesagt auf das Thema Underachievement aufmerksam, als sie mir vor ca. zwei Jahren den Fall eines Kindes erzählte, das von der Volksschule in die Sonderschule überstellt werden sollte, weil es Verhaltensweisen zeigte, die für die Lehrerin unzumutbar waren. Bei der ärztlichen und psychologischen Begutachtung stellte sich zur Überraschung aller eine Hochbegabung heraus.

An dieser Stelle sei auch der Dank an der klinischen Psychologin im "Haus der Zuversicht" angemerkt. Ihr verdanke ich die Praxisbeispiele, die eindrucksvoll schildern, was manche junge Menschen als Underachiever durchmachen bis das Problem als solches erkannt wird. Viele Fälle werden leider nicht entdeckt. Nun sind diese Kinder zahlenmäßig in einem äußerst kleinen Bereich angesiedelt. Trotzdem könnte man einige Schüler und Schülerinnen als hochbegabt identifizieren, von denen man vorher aufgrund des problematischen Verhaltens und der gebrachten schwachen Leistungen eher das Gegenteil hätte annehmen können.

Die vorliegende Arbeit kann vielleicht in dem einen oder anderen Fall dazu beitragen, umzudenken bzw. auch diesen Aspekt zumindest in Erwägung zu ziehen.

Beim Bestimmen muss man vorsichtig sein, denn egal welche Symptome das Kind zeigt und woher die Auffälligkeiten auch rühren, eine vorzeitige Einordnung, welcher Richtung auch immer, ist schlecht. Man sollte sich selbst aus dem Spiel nehmen und zu einer objektiven Betrachtung übergehen. Vielleicht kann der Fragebogen in diesem Sinne ein geeignetes Hilfsmittel für Lehrer und Lehrerinnen darstellen. Ich habe ihn unter Anleitung und Betreuung von Prof. Dr. Gerhard Lehwald nach Auflistung von Items aus der Literatur erstellt. Diese Merkmale wurden dann in eine Abfrageform gebracht, mehrmals im Kollegenkreis erprobt und dann durch ECHA-Lehrkräfte evaluiert. So entstand der vorliegende Fragebogen, zu dessen Gelingen auch die rege Korrespondenz mit meinem betreuenden Lehrer, Dr. Lehwald, dem ich hier auch herzlich danken darf, beigetragen hat.

Eines darf man nicht vergessen: Oft sind Verhaltensauffälligkeiten in der Schule nichts anderes als Hilferufe – für mehr Aufmerksamkeit, Zuwendung, oder aber auch wegen Unterforderung und Langeweile.

In diesem Fall sollen Hilfe und Unterstützung dergestalt angeboten werden können, dass die schulpsychologischen Ansprechpartnerinnen und -partner Beratung und Diagnostik beitragen und an der Behebung von Verhaltensproblemen und – der zugehörigen Erstellung und Umsetzung von individuellen Förder- bzw. Lernplänen sowie an der Koordination externer Hilfe mitwirken.

Es gilt zu erreichen, dass die betreffende Schülerin oder der Schüler am angestammten Lernplatz der allgemeinen Schule, eventuell mit Hilfe gezielter pädagogischer Unterstützung, erbleiben und erfolgreich den jeweiligen Schulabschluss erwerben kann.

2. Hochbegabung

In diesem theoretischen Teil soll ein kurzer Streifzug über Definitionen und Modelle der Hochbegabung, sowie Identifikationsmöglichkeiten und Fördermaßnahmen für hochbegabte Schülerinnen und Schüler gemacht werden.

2.1 Hochbegabung, was ist das?

Man kann den Begriff der Hochbegabung definieren als hohe allgemeine Intelligenz, also die Fähigkeiten, neue Informationen aufzunehmen, zu speichern, zu verarbeiten und anzuwenden, sowie Schlussfolgerungen anzustellen und schwierige Probleme zu lösen.

Nach der Definition des **US-Bundesgesetzes** aus den 70er Jahren haben Hochbegabte im Vergleich zu anderen Kindern herausragende Fähigkeiten oder das Potential dazu – in Bezug auf ihr Alter, ihre Erfahrung und ihre Umwelt.

Mönks & Ypenburg (2005, S. 17) sehen in der Hochbegabung die individuelle Fähigkeit, auf einem oder mehreren Gebieten gute oder gar ausgezeichnete Leistungen zu erbringen. Damit aus dem Potential Leistung entstehen kann, müssen sowohl in der Person als auch im Umfeld unterstützende und erfolgssteigernde Faktoren gegeben sein. Begabung kann nicht nur auf den IQ reduziert werden. Stern (1916, S. 107ff.) sagte schon im Jahre 1916, dass Begabung immer nur die Möglichkeit zur Leistung ist, sie ist aber nicht die Leistung an sich.

Die beiden vorher genannten Autoren verweisen auch auf die recht treffende Marland-**Definition** (S. 17): "Hochbegabte verfügen über verwirklichte oder potentielle Fähigkeiten, die Ausdruck sind von hohen Leistungsmöglichkeiten auf intellektuellem, kreativem, künstlerischem (musikalisch oder darstellend) oder einem spezifisch akademischen Gebiet oder von außergewöhnlichen Führungsqualitäten. Es sind Kinder, die ein differenziertes Unterrichtsangebot und Fördermaßnahmen erfordern."

Falk-Frühbrodt räumt in ihrem Artikel über hochbegabte Minderleister auf mit der IQ-Gäubigkeit. Die Frage nach dem, was Hochbegabung eigentlich bedeutet, führt sie in die

Vergangenheit. "Lange Zeit wurden besondere Begabungen als ein Geschenk des Himmels betrachtet. Das Zusammenspiel von Vererbung und Umwelt war noch nicht bekannt, eine einheitliche Definition lag in weiter Ferne. Heute gilt als hochbegabt, wer in einem Intelligenztest (z.B. dem HAWIK) einen Wert erreicht hat, der über 130 liegt. Dieses Ergebnis wird von zwei bis drei Prozent der Gesamtbevölkerung erzielt. Der IQ-Wert bildet Fähigkeiten in bestimmten Bereichen ab, etwa logisches Denken oder räumliches Vorstellungsvermögen. Kreativität und soziale Intelligenz aber sind Talente, die mit Intelligenztests nicht erfasst werden können und dennoch ebenfalls entscheidend sind für die intellektuelle Entwicklung eines Menschen. Soll die Begabung eines Kindes eingeschätzt werden, wird daher neben dem IQ-Wert das Eltern- und Lehrerurteil berücksichtigt."

Natürlich muss klar sein, dass hohe Leistung neben intellektueller Begabung auch intensives kumulatives Lernen erfordert und weiters stark abhängig ist von der Motivation, einer förderlichen sozialen Umwelt und der Kreativität, also von Faktoren, die wir im triadischen Modell von Mönks & Renzulli graphisch aufbereitet finden.

Wie wird Hochbegabung diagnostiziert?

Die übliche Vorgangsweise zur Hochbegabungsdiagnostik sieht folgendermaßen aus:

1) Messung der Intelligenz als erster Schritt

2) Fähigkeitstests (verbal, mathematisch-naturwissenschaftlich, ... – umfasst die nicht- intellektuellen Talente)

3) Alterstypische Messung erworbener Leistungskompetenzen

Abschließend kann angemerkt werden, weil sich um diesen Bereich viele Mythen ranken, dass gravierende Schul- und Leistungsprobleme bei Hochbegabten eher die Ausnahme denn der Regelfall sind. Hochbegabung ist somit kein Risikofaktor für ungünstige Entwicklungsverläufe und daher als solche auch kein Thema für die Sonderpädagogik, wie mancherorts beschrieben. Unter Hochbegabten treten problembehaftete Entwicklungsverläufe nicht häufiger auf als unter anderen Begabungsausprägungen.

Wagner, H. (2006, S. 4) beschreibt das eigentliche Drama von vielen hochbegabten Kindern, das sich seiner Ansicht nach aber weitgehend unbemerkt und im Verborgenen abspielt: "Sie erleben die Schule vielfach ab der 1. Klasse als einen Ort, der für sie vor allem Leerlauf, Langeweile und Unterforderung bedeutet. Sie sehen selten einmal die Notwendigkeit, sich für die Bewältigung einer Aufgabe besonders anstrengen zu müssen und sie erliegen ohne äußere Anregung und Führung allzu leicht den ungleich verlockenderen, amüsanteren und abwechslungsreicheren Angeboten unserer Konsum- und Medienwelt."

Somit bleibt nur mehr anzumerken, dass die Grundvoraussetzungen für die "richtige" Entwicklung der befriedigende Umgang und eine kindgerechte Förderung sind. Das Prinzip, auf Bedürfnisse und Neigungen des einzelnen Kindes einzugehen, gilt für alle, egal ob sie nun hoch, mittelmäßig oder niedrig begabt sind. Es trifft also auch für hochbegabte Kinde zu, sind sie doch anders in ihrer Entwicklung. Was sie auf dem schulischen Sektor wirklich brauchen, sind daher differenzierte und individuell abgestimmte Unterrichts- und Förderangebote.

2.2 Modelle der Hochbegabung

Renzulli stellte 1979 sein **3-Ringe-Modell** vor, das die Begabung als Schnittmenge von überdurchschnittlichen Fähigkeiten, Aufgabenverpflichtung und Kreativität sieht.

Mönks & Ypenburg (2005, S. 23-27) erweiterten sein Modell zum **Mehrfaktorenmodell:** "Eine besondere Begabung kann in motorischen, sozialen, künstlerischen oder hohen intellektuellen Fähigkeiten zum Ausdruck kommen. Oft treten diese Begabungsformen gemeinsam auf. Jede Anlage erfordert Begleitung und Förderung, damit sie sich entwickeln kann. Hochbegabung kann man erst dann erkennen, wenn sie sich manifestiert, d.h. in außergewöhnlichen Leistungen oder Handlungen zum Ausdruck kommt. Für hochbegabte Kinder ist es aber nicht immer einfach, ihre besonderen Leistungen zu verwirklichen."

Intellektuelle Hochbegabung umfasst mindestens <u>drei Persönlichkeitsmerkmale</u>:
a) **Hohe intellektuelle Fähigkeiten**   b) **Motivation**   c) **Kreativität**

Diese drei Faktoren hängen zusammen, und so heißt das Modell von Mönks daher auch **"Triadisches Interdependenzmodell"** (1990). Der Mensch ist ein soziales Wesen, für eine gesunde Entwicklung bedarf es eines Austauschs mit der Familie, der Schule und Freunden (peers). Eine gut verlaufende Interaktion zwischen Person und Umgebung kann aber erst dann zustande kommen, wenn sich die betreffende Person auch genügend soziale Kompetenz zueigen gemacht hat, d.h. fähig ist, mit anderen einen befriedigenden Umgang zu haben.

a) Hohe intellektuelle Fähigkeiten: Liegt der IQ-Wert bei oder über 130, gehört man zu den obersten 5% auf diesem Sektor.

b) Motivation bedeutet nach Mönks, "dass jemand den Willen und das Durchhaltevermögen hat, eine bestimmte Aufgabe auch zu Ende zu führen, dass man Spaß an etwas hat (Gefühlskompetenz). Sie bedeutet weiterhin, dass man Ziele setzen bzw. Pläne machen kann (kognitive Komponente) und dass man Risiken und Unsicherheitsfaktoren in Kauf nehmen kann (Zukunftsperspektive)."

c) Kreativität bedeutet, dass man die Fähigkeit besitzt, auf originelle und erfinderische Art Lösungen für Probleme zu finden. Dabei zeigt sich in besonderem Maße selbständiges und produktives Denken.

Beim **Mehrfaktorenmodell (triadisches Modell)** üben alle Elemente Einfluss aufeinander aus. Die genannten Persönlichkeitsmerkmale sind Anlagefaktoren, die in unterschiedlicher Weise beim Menschen anwesend sind. Sie müssen begleitet und gefördert werden, um sich auch entwickeln zu können, wofür die Sozialumgebung unentbehrlich ist. Mönks spricht daher auch dann erst von Hochbegabung, wenn alle sechs Faktoren in richtiger Weise ineinander greifen, so dass sich eine harmonische Entwicklung vollziehen kann. Die Fähigkeit zum sozialen Umgang (Sozialkompetenz) stellt dafür ein wichtiges Verbindungsglied dar.

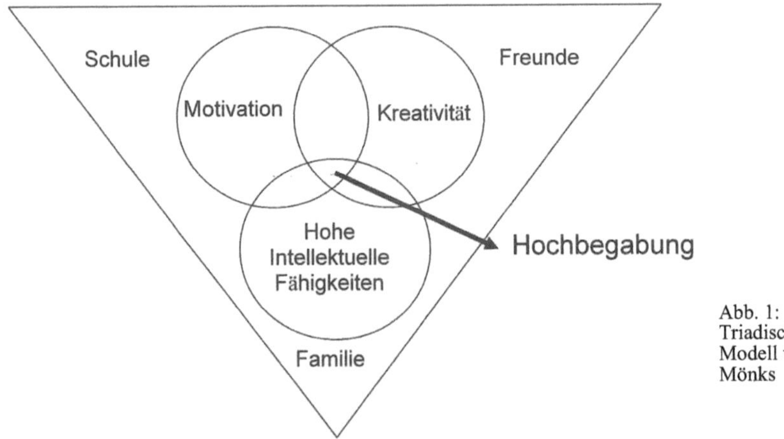

Abb. 1:
Triadisches
Modell von
Mönks

Weitere Modelle der Hochbegabung waren in der Folge

das **"Münchner Hochbegabungsmodell" von Heller, Perleth und Hany** (1992),

das **"Differenzierte Begabungs- und Talentmodell" von Gagne** (1993) oder

das **"Mehrdimensionale Begabungskonzept" von Urban** (1993).

Pyramidenmodell der Hochbegabung von Krenner nach Mönks/Renzulli (2007)

Nachdem es sich beim triadischen Modell der Hochbegabung von Mönks & Renzulli eigentlich um ein 3-D-Modell handelt, habe ich die 3 Eckpunkte um einen Faktor erweitert, nämlich um den des Individuums und dieses an die Spitze einer gleichseitigen Pyramide gesetzt. Der Mensch als Einzelwesen wird beeinflusst und geprägt von den drei Dominanten Schule, Freunde, Peers und Familie. Aufgrund der Tatsache, dass heute die Sozialkompetenz eine immer wichtigere Rolle im Leben des Menschen, in unserer heutigen von Konkurrenz geprägten Gesellschaft spielt, habe ich sie als verbindendes Element vom Individuum zu den drei anderen Komponenten eingesetzt. Ohne Sozialkompetenz kann auch ein begabter Mensch keine besonderen Leistungen erbringen bzw. werden sie nicht erkannt bzw. anerkannt. Die Akzeptanz seitens des Feldes ist enorm wichtig geworden, deswegen bedarf es im Umgang mit den anderen Menschen um uns herum einer adäquaten sozialen Auseinandersetzung.

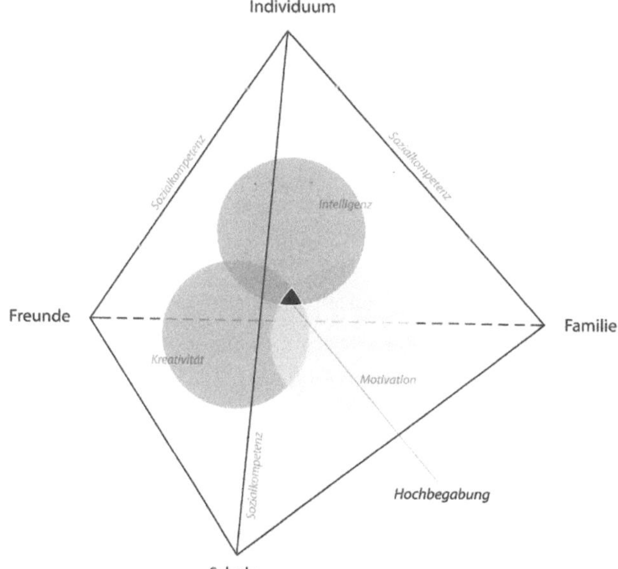

Abb. 2:
3-D-Pyramidenmodell
von Krenner nach
Mönks

2.3 Identifikation, Erkennen

Die Frage, wie man Hochbegabte erkennt, beschäftigte schon viele Psychologen, Lernforscher, Lehrerinnen und Lehrer. Dass das nicht so einfach funktioniert, zeigen viele Artikel in Büchern und im Internet.

So schreibt etwa Falk-Frühbrodt, dass Hochbegabte das größte Potential für Lernerfolg haben, doch drücken sich Begabungen im intellektuellen Bereich nicht immer in guten schulischen Leistungen aus. Dauerhafte geistige Unterforderung führt zu Langeweile, die früher oder später in Verhaltensauffälligkeiten und Störverhalten umschlagen kann. Die wenigsten Lehrkräfte würden bei verhaltensauffälligen Kindern eine unentdeckte Hochbegabung vermuten. Zu sehr werden Intelligenz und Begabung in Verbindung gebracht mit Angepasstheit, Motivation und der Fähigkeit, Schwierigkeiten wie ein Erwachsener erkennen, artikulieren und lösen zu können. Kinder, die trotz nachgewiesener hoher Intelligenz im schulischen Kontext versagen, stellen ihr soziales Umfeld vor Rätsel: Wie ist es möglich, dass begabte Kinder und Jugendliche weit unter ihren Möglichkeiten bleiben?

Somit wäre es für alle Beteiligten, für das Kind, das Lehrpersonal und natürlich auch für die Eltern, äußerst positiv, dass potentielle Hochbegabte eine frühe Identifikation erfahren.

Mönks & Ypenburg (2005, S. 40-46) merken dazu an, dass es nicht so sein darf, dass ein Kind dafür "bestraft" wird, wenn es seinen spontanen Entwicklungsbedürfnissen folgt. Auf der Suche nach Identifikationskriterien finden sie, "dass die Sprachentwicklung ein frühes Merkmal für Hochbegabung zu sein scheint. Produktiver Umgang mit der Sprache ist offensichtlich ein zentrales Merkmal bei jungen hochbegabten Kindern. In psychologischer Hinsicht ist ein Entwicklungsvorsprung feststellbar, wodurch sie oft frühe intellektuelle Interessen haben, die keineswegs altersgemäß sind. Es kommt häufig zu einer asynchronen Entwicklung, d.h. die intellektuelle Entwicklung verläuft schneller als die emotionale und die körperliche. Aber in keinem Lehrbuch der Entwicklungspsychologie steht, dass sich Körper und Geist mit derselben Geschwindigkeit entwickeln müssen. Das kalendarische Alter ist nur eine globale Norm, es ist ein unbrauchbarer Bezugsrahmen für die Beurteilung von hochbegabten Kindern und Jugendlichen."

Unten stehende Liste von möglichen Indizien, dass ein Kind hochbegabt sein kann, ist unvollständig. Sie soll aber eine brauchbare Hilfe sein beim frühen Erkennen von Hochbegabung.

<u>Merkmale hochbegabter Kinder</u> nach Falk-Frühbrodt, C. und Mönks, F.J. (2005):

- sprachfreie Kommunikationsfähigkeit als Kleinkind (im Bilderbuch Bilder suchen, Geschichten fordern) und frühes Sprechen

- großer Wortschatz – aktiv wie passiv

- genaue Beobachtungs- und schnelle Auffassungsgabe

- überdurchschnittliches Konzentrationsvermögen sowie aufgabenbewusstes Arbeiten, wobei sie es oft dazu noch schaffen, sich mit mehreren Dingen zu befassen.

- Langeweile bei Routineaufgaben

- gutes Erinnerungsvermögen und ausgezeichnetes Gedächtnis

- schnelles Erkennen von Zusammenhängen zwischen Ursache und Wirkung

- Lesebegeisterung

- mitunter Spezialinteressen

- ausgeprägte Wissbegierde: Sie sind schon in jungen Jahren sehr neugierig und lernbegierig. Mit unvollständigen Antworten geben sie sich nicht zufrieden.

- autodidaktisches Lernen: Bereits im Vorschulalter können viele von ihnen aus eigenem Antrieb heraus lesen und schreiben. Diese Fähigkeit hat oft zur Folge, dass sie schlecht schreiben, weil die Feinmotorik in diesem Alter noch nicht genügend entwickelt ist Für manche Primarlehrkräfte ist dies oft ein unduldbarer Stolperstein.

- geringes Schlafbedürfnis: Sie verfügen über reichlich Energie und scheinen niemals müde zu werden.

- frühe Entwicklung des Mengen- und Zahlenbegriffs sowie eigener Rechenmethoden (mitunter Konfliktherd mit dem Lehrpersonal).

- Streben nach Perfektion: Neben dem Hang zum Perfektionismus zeigen sie die starke Neigung, etwas unbedingt selber, auf ihre eigene Art zu tun.

- eigene Ansichten von Anfang an

- kritisches Hinterfragen von Meinungen und Autoritäten

- starkes Verantwortungsgefühl besonderes Gefühl für Humor

- Kreativität, Fantasie

- Sensibilität

- frühe Beschäftigung mit ethischen und philosophischen Fragen. So denken sie schon sehr früh über den Sinn des Lebens nach oder fragen, was nach dem Tod kommt. Viele von ihnen stellen Fragen wie: "Woher kommen wir", "Wohin gehen wir?"

- auffallend frühe Objektpermanenz bei Kindern im Kleinkindalter, d.h. die Einsicht, dass ein Objekt auch weiterhin besteht, wenn es nicht mehr zu sehen ist (wenn z.B. die Mutter das Zimmer verlässt).

2.4 Hilfs- und Fördermaßnahmen

Wagner, H. (2006, S. 4) stellt in seinem Artikel klar, "dass die hohe Begabung im intellektuellen, sportlichen, musikalischen oder künstlerischen Bereich allein nicht ausreicht, um herausragende Leistungen zu erreichen. Sie ist allenfalls eine notwendige, aber keine hinreichende Voraussetzung. Nur wer zudem eine dauerhafte Bereitschaft mitbringt, seine Arbeitskraft und Zeit in seinem Talentbereich zu einem großen Teil einzusetzen, hat die Chance Außergewöhnliches zu erreichen." Es geht also darum die Motivation aufzubauen, zu fördern und aufrecht zu erhalten. Und hier sind nicht nur die Eltern, sondern in besonderem Maße auch Schule und Lehrpersonal gefragt.

Mönks & Ypenburg (2005, S. 62f.) sehen die 'normale' Schule in ihrer derzeitigen Organisation aber als Hürde an, weil Schulen häufig den Durchschnitt als Anpassungsnorm verwenden. Schwache Schülerinnen und Schüler können ihr aber normalerweise nicht nachkommen. Ihnen kommt das Schulsystem aber insofern entgegen, indem diese Kinder z.B. Nachhilfe oder Förderunterricht bekommen. Jungen und Mädchen hingegen, die schneller lernen und mehr Stoff verarbeiten können, bekommen wenig bis gar keine Hilfestellung. Oft stimmen die Kinder einer Klasse nur darin überein, dass sie im selben (Schul-)Jahr geboren wurden. Dieses ist aber nicht identisch mit dem Entwicklungsalter, das auch in intellektuellen, sozialen und kreativen Fähigkeiten zum Ausdruck kommt. Und so gibt es innerhalb einer Klasse oft erhebliche Unterschiede im Hinblick auf diese Fähigkeiten. Eine Anpassung am Durchschnitt kann nicht nur zu Motivationsverlust, zu Faulenzerei und Aufsässigkeit führen, sondern auch zu bleibenden Persönlichkeitsschäden. Alle Schüler sollen sich entsprechend ihren Anlagen und Fähigkeiten entwickeln können. Ein nach Schwierigkeit und Tempo differenziertes Lernstoffangebot sollte daher eher die Regel denn die Ausnahme sein.

Mögliche Fördermaßnahmen

In der Unterrichtspraxis kommen die beschriebenen Formen selten in reiner Ausprägung vor, eine Überschneidung dieser aufgezeigten Fördermöglichkeiten ist optimal!

1) **Innere Differenzierung:**

   Innerhalb der Klasse/Lerngruppe gibt es unterschiedliche Lernangebote hinsichtlich Qualität, Quantität, Zeit, Sozialform, Art der Ausführung und Hilfestellung.

2) **Äußere Differenzierung:**

   Das bedeutet eine räumliche Trennung von Schülerinnen und Schülern, die nach unterschiedlichen Lernzielen unterrichtet werden.

3) **Akzeleration (beschleunigtes Lernen):**

   Kurz gefasst bedeutet dies, dass besonders begabte Kinder ihre Schulzeit in kürzerer Zeit abschließen können, z.B. durch die vorgezogene Einschulung in die Grundschule, den frühzeitigen Übergang in weiterführende Schulen oder eine Universität und das Überspringen einer oder mehrerer Klassen. Die Verwirklichung stößt oft auf großen Widerstand, da angenommen wird, dass das Kind zwar intellektuell, jedoch nicht im Gefühlsleben und in sozialer Hinsicht, reif genug sei und daher besser in der Klasse der Gleichaltrigen bleiben sollte. Das kalendarische Alter ist aber wie oben erwähnt nur ein ungenauer Maßstab bei der Angabe von Entwicklungsniveaus. Die traurige Konsequenz ist oft, dass sich ein Kind durch laufende Unterforderung und ständigen Frust zu einem Faulenzer oder Störenfried entwickelt oder sich allgemeine Schulmüdigkeit einstellt. Das Überspringen einer Schulstufe ist eher die Ausnahme. Ob im Einzelfall diese Maßnahme ergriffen wird, hängt davon ab, ob Eltern, Lehrpersonal und Fachleute, sowie die Kinder selbst, sich darin einig sind, dass so ein Schritt Sinn macht. Zudem gibt es fallweise sog. D-Zug-Klassen, in denen der gesamte Lehrstoff beschleunigt durchgearbeitet wird (z.B. in 3 statt 4 Jahren).

4) **Enrichment (vertieftes Lernen):**

   Enrichment bedeutet eine Anreicherung des Unterrichts mit erweiternden und vertiefenden Inhalten, die über den herkömmlichen Lernstoff (Kernstoff) hinausführt. Bilingualer Unterricht, zusätzliche Leistungskurse, Schülerwettbewerbe, Austauschprogramme, Pullout-Kurse, Sommerakademien, etc. sind nur einige Beispiele. Diese Erweiterung oder Vertiefung des Unterrichts knüpft an Fähigkeiten und Bedürfnisse des betreffenden Schülers an. Möglich ist so eine Form, in denen keine starre, statische Organisationsform vorherrscht. So kann man Interessensgebiete anbieten und fördern wie Musik, Fremdsprachen, Arbeit am Computer, Kunst oder Geschichte. Bei der Wahl eines Themas oder Gebietes sollte die persönliche Anlage des Kindes den Ausschlag geben. Besonders eignen sich auch Gruppenprojekte, wobei die Schülerinnen und Schüler einzeln oder mit anderen bestimmte Teilgebiete durcharbeiten, und zwar auf dem Niveau, das für die jeweilige Person passt. Wichtig ist, dass ein Materialraum, Computer und eine Bibliothek zur Verfügung stehen.

5) Compacting (komprimiertes Lernen):

Hier handelt es sich im Prinzip ebenfalls um eine Beschleunigungsmaßnahme. Dies bedeutet in diesem Fall, dass begabte Schüler ein Schulbuch, einen bestimmten Stoff schneller durcharbeiten. Renzulli verwendet in diesem Zusammenhang, wenn schnelleres Lernen nur auf einzelne Unterrichtsfächer beschränkt ist, den Begriff "Lernstoffkomprimierung" (curriculum compacting). Durch die Verdichtung des Lehrstoffes bzw. die schnellere, kompaktere Durchnahme verdient sich der Schüler, die Schülerin Zeit, um dann andere Dinge und Aufgaben erledigen zu können.

6) Mischformen: hier seien exemplarisch zwei wichtige Formen angeführt:

- Montessori-Pädagogik:

Diese wird als verborgener Lehrplan für hochbegabte Kinder betrachtet, denn die Prinzipien der Wahlfreiheit, der vorbereiteten (Lern-) Umgebung, der kosmischen Erziehung und der vertikalen Gruppierung ermöglichen eine optimale Anpassung an das kindliche Fähigkeitsniveau.

- Drehtürmodell (Revolving Door Model) von Joseph Renzulli:

Kurz gesagt verlassen die Schüler mit Einverständnis der jeweiligen Lehrkräfte ihre Klasse, besuchen z.B. in einem bestimmten Gegenstand eine höhere, oder sammeln im Internet, in der Bibliothek, etc. Informationen. Ein Mentor als Betreuungsperson wird dem Kind zur Seite gestellt. Das Modell bietet Platz für vielfältige individuelle und kreative Gestaltungsmöglichkeiten. Es soll vermieden werden, dass die Jungen oder Mädchen aufgrund einer Unterforderung faul werden. So können sie an einem länger laufenden Projekt arbeiten. Sie wechseln also zwischen normalem Unterricht und der individuellen Interessens- und Begabungsförderung, daher auch die Bezeichnung "Drehtürmodell".

Beispiele für integrierte Begabtenförderung in der Schule und andere Fördermöglichkeiten

Nachzulesen und genauer beschrieben, findet sich bei Mönks & Ypenburg (2005, S. 95-100) eine Reihe von Fördermöglichkeiten:

- Arbeitsgemeinschaften (Arge)
- Atelierunterricht
- Cluster Groups (oder Interessensgruppen)
- Drehtürmodell von Joseph Renzulli
- D-Zug-Klassen
- Freie Themenstunde
- Förderstunde
- Hilfslehrkraft
- Individualisierung des Lehrstoffangebotes
- Knobelfrage der Woche
- Lernwerkstatt / Ressourcenraum
- Lernen durch Lehren
- Leseraum-Bibliothek / Mediathek
- Mentoring
- Offenes Lernen: Stationenpass, Tagesplan, Wochenplan, Planarbeit
- Projektmappen
- Projektunterricht, projektorientierte Angebote
- Pullout-Programme / Pullout-Kurse
- Sommerakademien
- Spezialklassen
- Talente-Portfolio
- Talentförderkurse
- Wettbewerbe / Olympiaden

3. Underachiever

3.1 Underachiever – Begriffsklärung

Bezüglich der nicht einfachen Erklärung des Phänomens Underachievement bringt Rost, D.H. (2007, S. 8) von der Universität Marburg, der sich sehr viel mit dem Thema auseinandersetzt, in seinem Beitrag gut zu Papier, wie schwierig der Umgang mit diesem Begriff ist: "Bei kaum einem Konzept im Bereich der Hochbegabungsforschung und Hochbegabtenförderung gibt es so viele Unsicherheiten, Mutmaßungen und Meinungen wie bei Underachievement, das in unserem Sprachraum häufig etwas unglücklich als Minderleistung bezeichnet wird. Besser wäre es, von erwartungswidrig schlechter (Schul-)Leistung zu sprechen, die dann vorliegt, wenn bei Schüler/innen zwischen der aufgrund ihrer intellektuellen Kompetenz (z.B. IQ) zu erwartenden Schulleistung und der gezeigten Performanz (beobachtete Schulleistung, z.B. Zensurendurchschnitt) eine pädagogisch-psychologisch relevante Diskrepanz vorliegt, wobei die gezeigte Schulleistung wesentlich schlechter als die zu erwartende ist."

Mönks & Ypenburg (2005, S. 69) zählen zu Underachievern diejenigen Schüler, "deren Leistungen oft weit unter dem Niveau liegen, das aufgrund ihrer Intelligenz und Kreativität erwartet werden kann. Es besteht somit eine Diskrepanz zwischen den Fähigkeiten und den erbrachten Leistungen. Hochbegabte Leistungsversager haben eine äußere Kontrollüberzeugung, dass das eigene Verhalten vor allem von außen her bestimmt wird."

Falk-Frühbrodt schreibt, dass Underachievement vorliegt, "wenn ein Mensch trotz guter Intelligenz schlechte Leistungen zeigt. Etwa 15 Prozent der intellektuell Hochbegabten sind solche Underachiever, d.h. sie erbringen erwartungswidrige schulische Minderleistungen. Sicherlich wäre es vermessen, jede Form von Schulversagen für ein Anzeichen herausragender Intelligenz zu halten, doch bleibt festzuhalten, dass das eine das andere nicht ausschließen muss. Zu den Merkmalen hochbegabter Underachiever zählen eine negative Selbsteinschätzung, d.h. wellig Zutrauen m die eigene Leistungsfähigkeit, ein unsystematisches und damit wenig effizientes Arbeits- und Lernverhalten, schlechte Motivation infolge vieler Wiederholungen und Übungen, deren Sinn dem Kind nicht offensichtlich ist, wenig Anstrengungsbereitschaft und Unterrichtsbeteiligung infolge von Langeweile, geringes

Durchhaltevermögen, mangelnde Selbstkontrolle, Schulunlust, ausbleibende Erfolgserlebnisse und eine daraus resultierende depressive Verstimmung."

Die Auftretenshäufigkeit von hochbegabten Underachievern ist laut Walter Diehl (2006) abhängig sowohl vom Kriterium zur Definition von Hochbegabung als auch von der Underachievement-Definition, Es geht eher um diejenigen Underachiever mit einem IQ ab 130 und einer Leistung unterhalb von 20 Prozent der Altersgruppe – also um ausgesprochene Ausnahmefälle im Bereich der Hochbegabten: "Gemeint sind diejenigen Kinder und Jugendlichen mit massiven Verhaltensauffälligkeiten und mit einer Tendenz zur Schulverweigerung sowie einer gleichzeitigen Hochbegabung."

Wagner, H. (2006, S. 4) führt in seiner Kongresszusammenfassung aus, dass uns Underachievement in vielfältigen Formen und Ausprägungen begegnet – von der Note 2 oder 3, die mit einem tadelnden "Das kannst du aber eigentlich viel besser!" kommentiert wird, bis hin zur Schulverweigerung oder zum Schulausschluss. Underachievement begegnet uns nicht nur bei Hochbegabten, sondern auch bei durchschnittlich Begabten – eben dann, wenn diese nur deutlich unterdurchschnittliche Leistungen erzielen.

Aktuelle Studien zur Selbsteinschätzung der Persönlichkeit wie auch zur Persönlichkeitsfremdeinschätzung durch Eltern und Lehrkräfte bestätigen dies und zeichnen laut Rost, D.H. (2007, S. 8) ein überwiegend negatives Bild vom hochbegabten Underachiever:

- Dramatisch sind insbesondere die <u>Selbstwert- und Selbstkonzeptprobleme</u>. Verglichen mit hochbegabten Achievern (hoch Intelligenten mit guten und sehr guten Schulleistungen) und durchschnittlich begabten Achievern (durchschnittlich Intelligenten mit durchschnittlichen Schulleistungen) schreiben sich Underachiever selbst u.a. zu: eine geringe Selbstüberzeugung, häufige Unterlegenheitsgefühle, Scheu vor Sozialkontakten, soziale Unzufriedenheit und hohe Emotionalität bei geringer seelischer Stabilität.
- Eltern von hochbegabten Underachievern betonen insbesondere die <u>negative Entwicklung des Sozialverhaltens</u> und charakterisieren ihre Kinder als besonders schwierig. Sie trauen ihren Kindern auch nur wenig zu.
- Lehrkräfte thematisieren bei hochintelligenten Schülern mit erwartungswidrig schlechten Leistungen ein problematisches Sozialverhalten und weisen auf eine <u>geringe Aufgabenorientiertheit</u> hin. Sie unterschätzen das Leistungspotential hochbegabter Underachiever.

Lehwald, G. (2006) versteht unter hochbegabten Underachievern "Mädchen und Jungen, die auf Grund der permanenten Unterforderung eine massive Reduzierung der Tätigkeits- und Leistungsmotivation aufweisen und dadurch soziale Anpassungsprobleme und geringe seelische Stabilität offenbaren."

Zusammenfassend nennt er folgende Symptome:

- fachliche Unterforderung (als Kernsymptom)
- reduzierte Lernmotivation
- Lustlosigkeit
- geringe seelische Stabilität
- eventuelle partielle Entwicklungsstörungen

Dann ergänzt Lehwald, G. (2006) sehr treffend: "Da Hochbegabte meist ohne Aufwand gute bis sehr gute Zensuren erreichen, werden sie von den Lehrkräften als am Unterrichtsstoff weitgehend uninteressiert beschrieben. Sie hätten noch viele Leistungsreserven, so sagen die Lehrpersonen, besonders in Mathematik, und schöpfen ihr Lernpotential nicht aus. Alles würden sie nur mit 'links' machen und keine ausreichende Anstrengungsbereitschaft an den Tag legen. Es ist bei ihnen allerdings auch schwer, die von der Fachliteratur geforderte Identifizierung nach dem klassischen Schema durchzuführen: Intelligenztest versus Schulleistung. Bei den nicht hochbegabten Underachievern ergibt sich oft eine krasse Divergenz (gute Testintelligenz steht im Kontrast zur gezeigten mittelmäßigen bis schlechten Schulleistung). Weil aber die Zensuren bei den 'Hochbegabten Underachievern' ausreichen (häufig sogar hervorragend sind), werden sie leider von den Lehrkräften hinsichtlich ihres Seelenzustandes kaum weiter beachtet. In Einzelanalysen hochbegabter Underachiever kann man immer wieder die Kernstörung feststellen. Sie liegt in der unzureichenden Herausforderung durch Lernaufgaben. Selbst ehemals interessierende Probleme werden nur widerwillig gelöst. Der Motivationsschwund ist enorm. Auf Dauer verlieren hochbegabte Underachiever auch die Fähigkeit sich zu konzentrieren und sich zu belasten. Darunter leidet mitunter ihr Selbstkonzept. Sie lernen zu wenig über sich selbst, z.B. wie man erfolgreich schwere Aufgaben löst. Stattdessen erwerben sie die zweifelhafte Fähigkeit, im Unterricht die permanent viel zu leichten Aufgaben zu 'erdulden' und immer so zu tun, als ob man sich anstrengt. Partielle Entwicklungsstörungen, so wie man sie eigentlich nur im unterdurchschnittlichen Leistungsbereich beobachtet, können die Folge sein: erst fachbezogene, dann

generelle Anstrengungsvermeidung, erst isolierte dann übergreifende Aufmerksamkeits-
störungen, zunächst abgrenzbare Tics und danach allgemeine Ausweichhandlungen."

Zusammenfassend kann also gesagt werden, dass bei minderleistenden Hochbegabten eine Diskrepanz zwischen geistigen Fähigkeiten (Intelligenz) und der tatsächlichen Schulleistung besonders beobachtbar ist. Die meisten von ihnen, v.a. im Vor- und Primarschulalter, so führt Stapf, A. (2003, S. 209f.) aus, "wollen jedoch grundsätzlich Leistungen erbringen, aber in anderer Weise, als es der 'Weg durch die Bildungsinstitution' vorsieht. Nicht selten zeigen jugendliche Minderleister auf einem besonderen Interessensgebiet herausragende Leistungen. Ein komplexes Gefüge aus Persönlichkeits- und Umweltgegebenheiten scheint allerdings zu bedingen, dass sie diese Leistungen in der Schule nicht erbringen."

Sie leisten also in der Schule nur Unterdurchschnittliches, weil sie nicht in der Lage sind ihr Begabungspotential aus psychologischen und/oder sozialen Gründen angemessen zu aktivieren. Wird es gehemmt, kommt es nicht selten zu Persönlichkeitsstörungen des Kindes. Das Problem ist, dass die Verhaltensauffälligkeiten häufig nicht als unrealisiertes Begabungs-potential, sondern ausschließlich als Verhaltensstörung verstanden werden. Aber natürlich ist nicht jedes auffällige, träumerische, faule, kaspernde oder schulmüde Verhalten ein Zeichen für ungenutzte Begabungen, doch sollten Lehrerinnen und Lehrer, Eltern und Berater zumindest die Möglichkeit dafür in Erwägung ziehen.

Underachiever werden oft erst in einer weiterführenden Schule auffällig. Meistens ist es dann nicht mehr so einfach, eine Verbesserung der Motivation bzw. ein Einstellen des Verhaltens herbeizuführen. Schon im Vorschulalter sind Temperamentseigenschaften späterer Under-achiever zu erkennbar: Diese Kinder verstecken ihre Leistungsfähigkeit, manche sind eher impulsiv, sprunghaft und leicht ablenkbar. Für eine Prävention schwieriger Schulkarrieren ist daher die Früherkennung möglicher Schwierigkeiten hilfreich, eine frühe individuelle Diagnose sollte erstellt werden.

Eine Verbesserung der Situation von Underachievern erfordert somit die Einbeziehung von Familie, Lehrpersonal und Mitschülern. Leistungserfolge und positive Beziehungen zu Klassenkameraden sind wichtige Teilziele.

3.2 Wie wird man zum Underachiever? – Ursachen

Lehwald, G. (2006) beschäftigt sich schon seit langem mit Fragen wie: "Wie wird man hochbegabter Underachiever?", "Wie und wann geht die Tätigkeitsmotivation verloren?", "Was kann man dagegen tun?"

"Offensichtlich können hochbegabte Underachiever die im Verlaufe ihrer Entwicklung an sie gestellten Aufgaben nicht ausreichend bewältigen – also jene Anforderungen der Gesellschaft, bei denen ein innerer Entwicklungsschub vonnöten ist. Solche Entwicklungsaufgaben gliedern den Lebenslauf des Hochbegabten. Biologische, soziale, psychische, gesellschaftliche und kulturelle Faktoren ermöglichen den Übergang von einem Lebensabschnitt zum nächsten." Laut Lehwald können das beispielsweise sein:

- die Verarbeitungsgeschwindigkeit, die bekanntlich bei Hochbegabten exzellent ist
- die Motivation als Motor der individuellen Entwicklung
- die Bildungsaspiration der Eltern, die Impulse zur Selbstentwicklung des Begabten ermöglichen
- der Wert von Bildung in der Gesellschaft und die Anerkennung von Begabungen

Er sieht die Hauptaufgabe der Forschung darin, jene grundlegenden Anforderungen zu bestimmen und näher zu spezifizieren, die bei Nichtbewältigung zu Störungen der Begabtenentwicklung fuhren können.

In der Fachliteratur hat sich für den letztgenannten Zustand der Begriff des "Hochbegabten Underachievers" als Vorstufe des "Hochbegabten Problemkindes" durchgesetzt. Zusammenfassend seien nochmals die Symptome genannt:

- Störungen der Kognition: Fachliche Unterforderung (als Kernsymptom)
- Störungen der Motivation: Aufgabenübergreifende, reduzierte Lernmotivation
- Störungen der Emotion: Große Lustlosigkeit, besonders bei Routineaufgaben

Das in der Öffentlichkeit oft vertretene Bild des schwierigen und problembelasteten Hochbegabten trifft laut Walter Diehl (2006) in erster Linie auf diese hochbegabten Underachiever zu: "Als Ursachen für Underachievement werden im Wesentlichen die folgenden Faktorenbündel diskutiert: Persönlichkeitsmerkmale des Kindes, familiäre und soziale Beziehungen sowie Merkmale der (schulischen) Umwelt. Underachievement ist keine psychiatrische Diagnose und auch kein stabiles Merkmal, sondern ein Anzeichen für ungünstige Entwicklungsverläufe (welche Ursachen diese auch immer haben)."

Rost, D.H. (2007, S. 8) führt in diesem Zusammenhang aus, dass hochbegabte Underachiever von ihren Bezugspersonen insgesamt als schwierig und als weniger intelligent wahrgenommen werden, obwohl diese Kinder ja eigentlich über eine hervorragende intellektuelle Kompetenz verfügen. "Die möglichen Ursachen für Underachievement sind vielfältig, es kommen alle Faktoren in Frage, die eine Person daran hindern können, ihr gutes intellektuelles Potential in adäquate (schulische) Leistungen umzusetzen: Persönlichkeitsmerkmale des Lernenden, familiäre und soziale Beziehungen sowie Merkmale der schulischen und außerschulischen Umwelt. Wegen dieses multiplen Bedingungsgefüges kann es keine, in allen Fällen wiederkehrende, generelle Ursache für Underachievement geben."

Über Ursachen schreibt auch Falk-Frühbrodt. Für den Fall, dass ein nachweislich intelligentes Kind im schulischen Kontext versagt, müssen zunächst die Bedingungen und möglichen Ursachen dieser Entwicklung erkannt werden. Es gilt herauszufinden, welchen Anteil das Kind, die Schule, die Eltern und gegebenenfalls das weitere soziale Umfeld haben?

Ursachen auf Seiten des <u>Kindes</u> können auf der körperlichen Ebene liegen (z.B. visuelle und/oder auditive Wahrnehmungsstörungen). Diese bedürfen ebenso einer ärztlichen Abklärung wie ev. Probleme im psychischen Bereich.

Auch die Ursachen auf Seiten der <u>Schule</u> können vielfältig sein. So gilt es zunächst die Frage zu beantworten, ob die Schulform, die damit verbundenen pädagogischen Konzepte und die Persönlichkeit der Lehrkraft zum Wesen des Kindes passen.

Auch die <u>Eltern</u> und andere wichtige Bezugspersonen üben naturgemäß Einfluss auf das Kind aus. Falk-Frühbrodt weiter: "So kann eine niedrige Leistungserwartung der Eltern zu einer niedrigen Motivation auf Seiten des Kindes führen, zu viel Druck hingegen zu einer Verweigerungshaltung. Anforderungen und Erwartungen müssen daher möglichst realistisch sein, d.h. nicht zu hoch und nicht zu niedrig."

Schließlich kann das Problem auch im <u>Freundeskreis</u> liegen: Manche verheimlichen Kenntnisse und Fähigkeiten, um nicht als Streber zu gelten.

Wagner, H. (2006, S. 5) nennt ebenso wie Wittmann und Holling (2001, S 122-124)
<u>mögliche Ursachen für Underachievement:</u>

- Geringe Orientierung der Familie an den Bedürfnissen des Kindes:

  Eltern versuchen oft, aus ihrem Kind ein ganz normales Kind zu machen, sie ignorieren seine Eigenarten. Insbesondere im Kleinkindalter sind Hochbegabte sehr oft anstrengend und fordernd. Die Probleme liegen außerdem darin, dass die Diskrepanz zwischen der intellektuellen und emotionalen Entwicklung des Kindes zu falschen Erwartungen führt. Während ihre kognitive Entwicklung schneller verläuft, lassen sich für andere nicht-intellektuelle Persönlichkeitsbereiche keine zu verallgemeinernden Entwicklungsvorsprünge aufzeigen. Zudem kann es widersprüchliche Wertvorstellungen hinsichtlich schulischen Lernens in Schule und Familie geben.

- Mangel an schulischer Förderung:

  Schulische Unterforderung und der Zwang zur Anpassung können dazu führen, dass sich besonders aufgeweckte und kreative Schüler zu Underachievern entwickeln. Querfragen stört den Unterricht und wird im schlimmsten Fall über die Noten diszipliniert. Die erlebte Ablehnung und Missachtung von Seiten der Lehrkräfte sowie die Tatsache, dass das häufige Wiederholen demotivierend wirkt, führt dazu, dass das Kind seine Mitarbeit einstellt. Die Schülerinnen und Schüler fühlen sich fachlich unterfordert und nicht ernst genommen. Weiters empfinden sie die Art der Stoffvermittlung als unangemessen.

- Kritische Lebensereignisse:

  Scheidung der Eltern, schwere Erkrankung oder Tod einer geliebten Person.

- Lese-Rechtschreib-Schwäche (LSR):

  Lesen und Schreiben stellen Schlüsselfertigkeiten zum Erfolg dar. Auf Grund ihrer schulischen Leistungen wird die wahre Begabung von Kindern mit LSR häufig nicht erkannt.

- Sozialer Druck zur Anpassung:

  Häufig sind es Mädchen und auch Angehörige ethnischer Minderheiten, die in der Schule einen besonderen Druck erleben, sich anpassen, um von den anderen akzeptiert zu werden. Deshalb verbergen sie ihre Fähigkeiten. Für die Lehrkräfte wird oft kaum deutlich, dass sie eigentlich ein viel höheres Leistungspotential besitzen.

Auch Anfeindungen körperlicher oder verbaler Art ("Streber"), Eifersucht und Ausgrenzung durch Klassen- und Spielkameraden können dazu führen, dass Kinder ihre Fähigkeiten verstecken.

- Unzureichende Ausbildung von Lern- und Arbeitstechniken:
  Da ihnen immer alles zuflog, haben einige hochbegabte Kinder das Lernen nicht gelernt. Sie müssen leidvoll miterleben, dass bei ihnen im Lauf der Zeit große Wissenslücken entstehen, die zu immer schlechteren schulischen Leistungen führen. Durch die Unterforderung fehlt die Notwendigkeit, solide Lern- und Arbeitstechniken zu entwickeln.

- Ausgeprägte außerschulische Interessen:
  Sie können viel Zeit binden und zur Vernachlässigung der Schule führen, z.B. durch Computer- oder Spielsucht.

- Ungünstige Kontrollüberzeugungen, d.h. Attribuierungen von Erfolg oder Misserfolg auf Faktoren wie Begabung, Anstrengung, Glück/Pech.

- Ungenügend entwickelte Fähigkeiten der Selbststeuerung, der Handlungsplanung, der Entscheidungsfindung und des Zeitmanagements.

Underachievement entsteht, so sagt Wagner, H. (2006, S. 4) abschließend, meist in einem langfristigen, schleichenden Prozess. "Die Entstehungsgeschichte von Schulversagenden im Sekundarschulbereich lässt sich häufig in den Primarschul- oder gar Vorschulbereich zurückverfolgen und schließt meist die Nichterkennung von Hochbegabung und permanente Unterforderung ein. Und was sich über lange Zeit aufgebaut und verfestigt hat, ist nicht in kurzer Zeit zu korrigieren. Underachievement ist damit keine Behinderung im klassischen Sinne, sondern eine sekundäre, lerngeschichtlich entwickelte Behinderung. Underachiever sind 'lerngehindert', also am Lernen und an der Entwicklung einer Leistungsmotivation gehindert. Als zeitliche Perspektive für die Rehabilitation seien bis zu vier Jahre zu veranschlagen."

3.3 Missverständnis der Begabtenförderung zum Underachievement

Lehwald, G. (2006) hat 10 Missverständnisse der Begabtenförderung herausgefiltert. Eines davon behandelt das Thema Underachievement: *Die gezeigte Leistung entspricht in den meisten Fällen der diagnostizierten Begabung.*

Lehrkräfte haben seiner Meinung nach mitunter die Schwierigkeit, hochleistende von hochbegabten Schülerinnen und Schülern zu unterscheiden und lassen sich ev. durch die aktuell gezeigte Schulleistung blenden.

In der Fachliteratur unterscheidet man zwei Statustypen: den Underachiever und den Overachiever. Im nachfolgenden Kasten steht P für Potential, L für Leistung.

Underachiever (P > L)	**Overachiever (P < L)**
• Erlebte permanente fachliche	• Aufgabenunspezifischer Fleiß
• Unterforderung	• Extremer Ehrgeiz
• Reduzierte Lernmotivation	• Fehlattribuierung
• Lustlosigkeit	• Elterlicher Drill
• Soziale Unzufriedenheit	• Hoher Erwartungsdruck
• Irreguläre familiäre Bedingungen	• Geringer Realismus,
• Geringe seelische Stabilität	• Selbstdarstellungstendenz
• Partielle Entwicklungsstörungen	• Übergreifende
• Hohe Emotionalität	• Entwicklungsstörungen

Lehwald weiter: "Beim Underachiever liegt die diagnostizierte Testleistung hinsichtlich Begabung über der Schulleistung. Lehrkräfte belegen diesen Schülertyp meist mit folgender Aussage: 'Er/Sie könnte mehr leisten, als er/sie in der Schule wirklich zeigt'. Für die Begabtenförderung ergeben sich hier wirkliche Herausforderungen. Geringe Lernmotivation (eventuell durch permanente Unterforderung), ungünstige familiäre Lernbedingungen und daraus resultierende Lustlosigkeit sind die Basismerkmale eines Underachievers. Weitere psychische Merkmale sind der obigen Übersicht zu entnehmen. Hier muss die Schule in Zusammenarbeit mit den Eltern schnell handeln.

Zunächst muss man gemeinsam mit Fachleuten (z.B. einer Beratungsstelle für Hochbegabte) klären, ob es sich wirklich um einen begabten Underachiever handelt. Dazu reicht es manchmal nicht aus, nur die Statusintelligenz messen zu lassen. In der diagnostischen Fachliteratur liest man zunehmend auch über Testverfahren, die das Lernverhalten auch in einer Testsituation simulieren können. Diese so genannten Lerntests ermitteln offensichtlich besser als Statusverfahren den 'langsamen und grüblerischen Hochbegabten'. Sie ermitteln auch besser die verdeckte Hochbegabung bei jenen Kindern, die unter irregulären familiären Lernbedingungen aufwachsen. Ist man auf Grund der fachlichen Überprüfung zum Schluss gekommen, es handle sich um einen begabten Underachiever, so sind wirkliche schulische Herausforderungen zu stellen. Dazu sind in Abhängigkeit von der Schülerpersönlichkeit geeignete Begabtenfördermaßnahmen auszuwählen. In jedem Fall muss erreicht werden, dass sich wieder Ermutigung, Leistungszuversicht, Erkenntnisstreben und seelische Stabilität einstellen, die als personale Grundvoraussetzungen höchster Leistungsfähigkeit gelten."

3.4 Identifikation, Erkennen von hochbegabten Underachievern

Einleitend kann hier Diehl, W. (2006) angeführt werden, der hochbegabte Underachiever als Personen bezeichnet, die teilweise massive psychische und soziale Anpassungsprobleme haben. "Sie sind gekennzeichnet durch geringe Selbstüberzeugung, häufige Unterlegenheits-gefühle und große Scheu vor Sozialkontakten (größere soziale Unreife, mehr emotionale Probleme, vermehrt antisoziales Verhalten, mangelndes Selbstvertrauen, geringer ausgeprägte Leistungsmotivation, ineffektives Arbeitsverhalten, häufigere Misserfolgsorientierung, höhere Impulsivität, geringere Selbstkontrolle). Dramatisch sind insbesondere die Selbstkonzept-unterschiede (im Vergleich zu den anderen Hochbegabten wie auch zu den normal Begabten), wobei vor allem hohe Emotionalität und soziale Unzufriedenheit sowie geringe seelische Stabilität auffallen. Die Eltern betonen insbesondere die negative Entwicklung des Sozialverhaltens und bezeichnen ihre hochbegabten Underachiever als besonders schwierig."

Auffällig sind aus Sicht der Lehrkräfte das problematische Sozialverhalten und die geringe Aufgabenorientiertheit. So werden sie auch von ihnen insgesamt als schwierig und kognitiv wenig leistungsfähig eingeschätzt. Solche Kinder scheinen ihre intellektuelle Begabung nicht zu erkennen und nehmen auch besonders wenig Unterstützung von zu Hause wahr.

Bei Wagner, H. (2006, S. 5f.) geht es um die Symptomatik des Underachievements, die nach Rost, Schulte-Markwort, Lehwald oder auch Oswald als ein "Underachievement-Syndrom", also ein relativ zeitstabiles Bündel von häufig gemeinsam auftretenden Problemen beschrieben werden kann. Hierzu gehören unter Bedacht der **Verhaltensmerkmale** von Mönks & Ypenburg, (2005, S. 69-71):

- eine reduzierte Leistungsmotivation
- eine Anstrengungsvermeidungshaltung
- Desinteresse an schulischem Lernen, Lustlosigkeit
- Lernschwierigkeiten in bestimmten Bereichen, Konzentrationsstörungen, Teilleistungsschwächen
- defizitäre Lern- und Arbeitstechniken
- mangelndes Selbstvertrauen, geringe seelische Stabilität
- Probleme in der Beziehung zu Lehrkräften und Mitschülern, häufig auch zu Eltern und Geschwistern; Zurückgezogenheit, Isolation
- negatives schulisches Selbstkonzept
- schwache Konzentration
- geringe Selbstmotivation
- Prüfungsangst
- viele außerschulische Aktivitäten
- Unzufriedenheit über die eigenen erreichten Resultate
- geringes Lerntempo im Vergleich zu Mitschülern
- große Mühe beim Studium von schriftlichem Lernstoff
- negatives Urteil über Lehrkräfte und Schüler
- Lehrer und Lehrerinnen behaupten immer wieder, dass die Leistungen unter den Möglichkeiten liegen
- Gefühl der Nichtakzeptanz seitens der anderen Klassenkameraden

Es besteht auch ein Zusammenhang zwischen Selbstkonzept und Hochbegabung. Wie sieht und beurteilt eine Person sich selber und wie denkt sie, dass andere sie sehen und beurteilen? Es geht um Einschätzung der eigenen intellektuellen, sozialen und körperlichen Fähigkeiten. Diese Selbsteinschätzung wird erlangt durch die Erfahrungen in der direkten Lebenswelt, durch das Verhalten von wichtigen Bezugspersonen und schließlich durch das Ausmaß der Selbstbeurteilung eigenen Verhaltens und Handelns. Ein positives Selbstkonzept ist die treibende und bestimmende Kraft. Hochbegabte Kinder und Jugendliche haben im Hinblick auf schulische Angelegenheiten oft ein sehr negatives Selbstkonzept. Es ist derart negativ beladen, dass alles, was mit der Schule zu tun hat, als eine unüberwindliche Hürde erfahren und negativ bewertet wird. Die Leistungsmotivation ist niedrig, die Prüfungsangst ist hoch.

Ein besonderes Problem stellt nach Rost, D.H. (2007, S. 9) die Entdeckung des hochbegabten Underachievers durch Lehrkräfte (und auch Eltern) dar. "Während die Identifikation von Hochbegabten mit sehr guten und guten Schulleistungen Lehrern/Lehrerinnen oftmals gut gelingt (Lehrkräfte orientieren sich bei der Begabungseinschätzung stärker an der gezeigten Schulleistung; häufiger Beurteilungsfehler: Überschätzung der Intelligenz von Hochleistenden, d.h. der Overachiever – 'falsch positive' Diagnose), versagen Pädagogen und Pädagoginnen häufig, wenn sie Hochbegabte mit nicht zufrieden stellenden oder schlechten Schulleistungen benennen sollen (Beurteilungsfehler: Übersehen der Begabung von Underachievern – 'falsch negative' Diagnose – und falschliehe Zuschreibung von Underachievement, wenn lediglich schlechte Schulleistungen vorliegen – 'falsch positive' Diagnose)."

Hat man den Verdacht, hochbegabte Underachiever in der Klasse zu haben, dann ist es stets erforderlich, sich ergänzend zu den pädagogischen Bemühungen an psychologische Experten zu wenden, die sich auch im Bereich der Hochbegabung auskennen und die gute pädagogisch-psychologische, klinisch-psychologische und kinder- und jugend-psychologische Kenntnisse besitzen). Solche **<u>Verdachtsmomente</u>** können laut Rost beispielsweise sein:

- Der Schüler/die Schülerin zeigt besondere (intellektuelle) Leistungen in außerschulischen bzw. außerunterrichtlichen Bereichen.
- Er/Sie hat sehr gute Leistungen in der Vergangenheit (Volksschule) erbracht, es ist ein deutlicher Leistungseinbruch erfolgt.
- Der Schüler/die Schülerin fallt bei der Einführung neuer Unterrichtsthemen positiv auf (schnelle Auffassungsgabe).
- Er/Sie passt nicht auf oder ist abwesend, bringt aber (bei schwierigen Themen oder vereinzelt) dennoch auffallend gute Beiträge.
- Der Schüler/die Schülerin meldet sich nicht im Unterricht, weiß aber die richtige Antwort, wenn man nachfragt.
- Eltern, Nachbarn oder andere Bezugspersonen beobachten trotz Schulversagens beim Schülern besondere Fähigkeiten und Expertise.

Rost, D.H. (2006) betont aber, dass es ein Fehler wäre, bei der Identifikation von Underachievern allein oder hauptsächlich auf solche Anzeichen zu setzen. Es handelt sich dabei um keine sicheren Indikatoren, sondern lediglich sog. 'weiche' Hinweise, die in jedem Falle eine solide fachpsychologische Diagnostik nach sich ziehen müssen.

Wittmann und Holling (2001, S.120-122) bringen die **<u>Erkennungsmerkmale hochbegabter Underachiever</u>** auf drei Ebenen zum Ausdruck:

<u>A: Leistungsebene:</u>

- **Hohe kognitive Kompetenz:** Das Kind bietet in Intelligenztests hervorragende Leistungen, es zeigt sich ein gutes Gedächtnis und Verständnis sowie umfangreiches Wissen.

- **Leistungsstörungen:** Trotzdem erbringt das Kind in der Schule keine herausragenden Leistungen. Seine Noten liegen unter dem Durchschnitt der Klasse.

- **Probleme im Lern- und Arbeitsverhalten:** Das Kind hat nicht gelernt zu lernen, das heißt ihm fehlen notwendige Lern- und Arbeitstechniken. Es arbeitet wenig sorgfältig und kann seine Konzentration nicht längere Zeit auf den Lernstoff richten. Häufig äußert das Kind Unzufriedenheit über die eigenen Lerngewohnheiten und die erreichten Resultate, weiß aber nichts daran zu ändern, es besitzt geringes Durchhaltevermögen, setzt sich unrealistische Ziele und hat eine mangelnde Zielkontrolle.

- **Geringes Interesse an schulischen Aktivitäten;** Die Einstellung des Kindes gegenüber allem, was mit Schule zusammenhängt, ist negativ. Seine Leistungsorientierung und Anstrengungsbereitschaft sind weniger ausgeprägt, doch beschäftigt es sich in seiner Freizeit durchaus ausdauernd mit intellektuell herausfordernden Themen. Verhaltensgestörte Kinder, die nicht hochbegabt sind, tun dies weder in der Schule noch in ihrer Freizeit.

B: Persönliche Ebene:

- **Geringe emotionale Stabilität:** Das Kind ist ängstlich und emotional labil. Es fühlt sich schnell in seiner Persönlichkeit angegriffen und verträgt schlecht Kritik. Um dieses Gefühl der Bedrohung abzuwehren, reagiert das Kind häufig aggressiv und vertreibt durch seine Wut die Angst.

- **Mangelndes Selbstvertrauen:** Das Kind traut sich selbst wenig zu. Es hat die Tendenz, die Ursache für Erfolg und Versagen in äußeren Einflüssen zu suchen. Wurde eine Arbeit positiv geschrieben, so führen sie das auf Glück zurück, negative Ergebnisse oder Versagen hingegen auf unfaire Aufgabenstellung des Lehrers, etc. Der Knackpunkt ist, dass das Kind nicht das Ausmaß seiner Anstrengung als entscheidend für seine Erfolge und Misserfolge betrachtet, bzw. erkennt, dass es diese beeinflussen kann.

C: Soziale Ebene

- **Einzelgänger:** Im Kontakt sind diese Kinder oft misstrauisch und abweisend. Sie befürchten, dass sie von den Peers nicht akzeptiert werden. So haben sie meist keine oder nur wenige und oberflächliche Freundschaften. Auch zu Hause sind sie häufig einzelgängerisch. Gegenüber Unterstützungs- und Beeinflussungsversuchen zeigen sie sich unzugänglich, was für die Eltern die Sache erschwert.

- **Grenzüberschreitendes Verhalten:** Das Kind missachtet vielfach Grenzen. So läuft es zum Beispiel im Unterricht herum und stört seine Mitschüler. Bei Spielen hält es sich häufig nicht an die Regeln. Die Anweisungen von Lehrkräften und Eltern werden oft zurückgewiesen, sodass es von diesen als rebellisch und ungehorsam erlebt wird.

- **Rückzugsverhalten:** Dies gilt besonders für Mädchen. So ein Kind spricht kaum mit Lehrkräften oder Mitschülern. Oft malt es herum oder verliert sich in Tagträumereien. In seiner Haltung ist es eher passiv, bemüht sich kaum um Mitarbeit und verteidigt sich auch nicht, wenn es gerügt wird.

3.5 Fallbeispiele: Praxisfälle zum Thema Underachievement aus dem "Ambulatorium Haus der Zuversicht", Waidhofen/Thaya

<u>Martin (*), 14 Jahre:</u>

Er kam in das "Ambulatorium Haus der Zuversicht" (in der Folge mit HDZ gekennzeichnet) als Schulverweigerer. Seine Abneigung war so manifest, dass er sich wochenlang weigerte in die Hauptschule zu gehen – und zwar in tatsächlichem Sinn mit Händen und Füßen. Auf Grund dieses extremen Verhaltens und der unbekannten Ursache seiner Schulphobie wurden eine Heilpädagogin und der für den Bezirk zuständige Schulpsychologe mit seinem Fall betraut.

Einige Zeit später wurde er im HDZ psychologisch getestet mit dem Ergebnis einer starken Persönlichkeitsstörung. Weiters kam aber heraus, dass er kognitiv hochleistungsfähig war, bezeugt durch einen Verbal-IQ von über 120.

Somit galt es herauszufinden, woher diese Diskrepanz von potentieller Begabung und nicht verwirklichter Leistung stammen konnte. Bei den weiteren Untersuchungen wurde auch das soziale Umfeld genauer betrachtet: Martins Eltern waren geschieden, aber der entscheidende Faktor, der seine Leistung hemmte, war Angst. Dies stellte sich bei den Persönlichkeitstests heraus. Auffällig war anfangs eine unspezifische Angst, in späteren Sitzungen wurde immer klarer, dass es die Angst vor dem Vater war: geschieden, hochaggressiv, schwerer Alkoholiker mit Gewaltbereitschaft. .

Martin durfte und konnte diese Angst seinem Vater gegenüber niemals zeigen, verbalisieren, thematisieren, ja scheinbar nicht einmal sich selbst richtig eingestehen. Somit verlagerte er diese Angst auf die Schulebene, es kam zu einer Verschiebung.

Im Zuge weiterer therapeutischer Gespräche präzisierte Martin seine Angst weiter. Besonders fürchtete er epileptische Anfälle seines Vaters (in alkoholisiertem Zustand), der noch dazu in seiner Gegenwart Suizidaläußerungen von sich gab.

Martin gelangte somit durch das Verhalten seines Vaters und seiner Angst vor ihm in so große psychische Not, dass er schließlich den Schulbesuch verweigerte.

Nach vier verschiedenen Therapien, vielen Einzelgesprächen, diversen Lernhilfeangeboten und einer starken Ausgrenzung des Vaters, gelang es Martin schließlich den versäumten Lernstoff nachzuholen, und er schaffte den Hauptschulabschluss.

In seinem Fall ist also eine deutliche Besserung eingetreten, die Mutter arbeitet wieder und Martins Leben scheint wieder in geordneteren Bahnen zu verlaufen.

<u>**Georg (*), 15 Jahre:**</u>

Georg wurde mit 13 Jahren wegen massiver Schulprobleme im HDZ vorstellig, damals als Schüler der 3. Klasse Hauptschule. Bei den psychologischen Leistungstests stellte sich heraus, dass er im Handlungsbereich und in der Raumwahrnehmung weit über dem Durchschnitt lag und ihn auch der IQ-Test als überdurchschnittlich begabt identifizierte.

Die Familienanamnese gab aber Aufschluss über Georgs tatsächliche Probleme: Alle in seiner Familie waren depressiv, die Eltern waren in medikamentöser Behandlung und lebten in Scheidung.

Als Georg das erste Mal im HDZ erschien, war er eingezogen, verstockt, extrem schüchtern. Nach verschiedenen Gesprächen wurde klar, dass Georg nichts leisten durfte, weil niemand in der Familie etwas leistete. Dann wäre er nämlich anders als die anderen Familienmitglieder (inklusive zweier Schwestern) gewesen und hätte sich außerhalb dieses vertrauten Kreises bewegt. Georg hatte Angst davor nicht mehr dazu zu gehören. Diese Angst verlagerte sich auf die Leistungsebene, es kam zu einer Übertragung mit dem Verzicht jegliche Leistung zu erbringen.

Nach eineinhalbjähriger therapeutischer Hilfe und Unterstützung sieht die Sache besser aus, und Georg, der nun die Polytechnische Schule besucht, hatte im Abschlusszeugnis der Hauptschule einen Notendurchschnitt von 2,0. Während einer Schnupperwoche bei einer gut florierenden Technikfirma, die bekannt ist für ihre exzellente Lehrlingsausbildung, konnte er so überzeugen, dass ihm ein Ausbildungsplatz zugesichert wurde, falls er im Zeugnis nur 1er und 2er haben sollte. Sein "innerer Aufbruch" und seine psychische Stabilisierung äußerten sich auch in einer deutlichen Gewichtsreduktion.

In Georgs Fall war die Underachiever-Problematik innerpsychisch und familiendynamisch bedingt. Zeigte er ursprünglich Verweigerungstendenzen aufgrund der Depressionen, so ist Georg heute ein junger Mann, der gewillt ist Leistung zu bringen.

(*) Namen aus Datenschutzgründen geändert

3.6 Hilfs- und Fördermaßnahmen

Wie alle Kinder, die "anders" sind, "anders" lernen oder sich "anders" verhalten, sollte man auch hochbegabte Problemkinder nicht alleine lassen.

Wittmann und Holling (2001, S.124f.) geben an, dass Hilfen "auf der emotionalen und der Verhaltensebene ansetzen müssen. Die Kinder müssen mehr Wertschätzung für sich selbst entwickeln, sich wieder mehr zutrauen und lernen, ihrer Begabung entsprechend zu arbeiten." Dies gelingt durch eine Individualtherapie des Kindes (Psycho-, Spiel-, kognitive Verhaltenstherapie), den Erwerb und das Trainieren von Lern- und Arbeitstechniken und der Förderung des kognitiven Potentials. Die Teilnahme des Kindes an Förderkursen kann das Selbstvertrauen stärken. Es erfährt Misserfolge und lernt, auf gesündere Weise damit umzugehen.

Lehrkräfte sollten ihre beschränkten Möglichkeiten einer Identifikation hochbegabter Kinder kennen und bei Leistungsversagen u.a. auch eine mögliche Unterforderung als Ursache mit bedenken. Sie sollten Berichte von Eltern oder anderer Bezugspersonen ernst nehmen, die trotz Schulversagens bei Kindern bzw. Jugendlichen besondere Fähigkeiten beobachten. Und sie sollten im Bedarfsfall psychologische Hilfe für Beratung und Diagnostik sowie gegebenenfalls auch sonderpädagogische Unterstützung bei der Erstellung und Realisierung von individuellen Förder- bzw. Lernplänen suchen und tatsächlich in Anspruch nehmen.

Hochbegabte Problemkinder können laut Lehwald, G. (2006) erst dann ihre volle Leistungsfähigkeit zurückgewinnen, wenn die Ursachen der Störungen beseitigt sind. Erst dann gelingt es ihnen wieder, sich für ein hohes Lernangebot freudig zu interessieren, diesem eigenständig zu folgen, es tiefgründig zu verarbeiten und vollständig auszunutzen. Die Aufgabe von Eltern und Pädagogen besteht darin, belastende Störungskomplexe im Leben des Hochbegabten zu bestimmen und durch zweckentsprechende Übungs- bzw. Trainingsverfahren dabei zu helfen, eventuell bestehende Denk- und Lernblockaden abzubauen. Erst dann wird es dem begabten Kind wieder möglich sein, die herausragenden geistigen Fähigkeiten bei der Lösung anspruchsvoller Probleme einzusetzen.

Walter Diehl (2006) beschäftigt sich ebenfalls mit Lösungsvorschlägen zur Problematik: "Die 'Normalschule' sollte sich solcher Problemfälle nicht standardmäßig entledigen, vielmehr ist eine Vernetzung von Hilfemaßnahmen notwendig. Die Schule hat gegenüber Leistungsversagern eine besondere Verpflichtung (unabhängig von deren Begabung); hier sind Einzelfallanalysen (Beratung und Diagnostik) sowie nachhaltige pädagogische Unterstützung von fachkompetenter Seite unumgänglich. Fördermaßnahmen im Sinne der Schaffung günstiger Entfaltungsmöglichkeiten sollen schließlich gerade denjenigen zugute kommen, denen normale Bildungskontexte von sich aus nicht oder nur unzureichend gerecht werden."

<u>Geeignete Förderansätze sollten ...</u>

- individuell zugeschnitten sein

- mehrschichtig gestaltet sein (z.B. Selbstwertsteigerung, Förderung von Stärken, Begabungsschwerpunkten und besonderen Interessen, aber auch kompensatorische Förderung, Prävention von abweichendem Verhalten, Vermittlung von Lerntechniken, Aufarbeitung von Lerndefiziten, differenzierende schulische Angebote),

- auf dem Prinzip flexibler kleiner Schritte beruhen,

- pädagogische Maßnahmen in der Regel durch therapeutische ergänzen lassen.

Zielsetzung eines Programms zur Hochbegabtenforderung sollte sein, Schüler mit hoher intellektueller Begabung integrativ und einzelfallbezogen besonders zu fördern. Zielsetzung muss auch sein, für Schüler mit besonderen Problemen eine Separierung nach Möglichkeit zu vermeiden und eine präventiv-beratende Vorgehensweise mit dem Ziel des Verbleibens an der angestammten Schule voranzustellen. D.h.: Integration und Individualisierung im bestehenden Klassenverband, wohnortnahe und möglichst flächendeckende Angebote in allen Regionen des Landes, Besprechungen aller Beteiligten, bei Bedarf Rückgriff auf individuelle Förder- bzw. Lernpläne nach Maßgabe der jeweiligen persönlichen Stärken und Schwächen, der Leistungsfähigkeit und der Bedürfnisse des Kindes bzw. Jugendlichen. Auch im Falle von verhaltensauffälligen Schülern besteht das gemeinsame Ziel in deren erfolgreicher Integration in die Lernbedingungen der allgemein bildenden Schule.

Rost, D.H. (2007, S. 9) ergänzt hier: "Daher ist ein sorgfältig auf die jeweilige Situation zugeschnittenes individualisiertes Vorgehen notwendig. Neben der sorgfältigen Beschreibung des aktuellen (Leistungs-)Verhaltens (Verhaltensanalyse) und wichtiger Persönlichkeits-variablen (z.B. Schulangst, Schulunlust, Interesse, Leistungsmotivation, Anstrengungs-bereitschaft und Anstrengungsvermeidungstendenzen), der Herausarbeitung potentieller familiärer und schulischer Bedingungsfaktoren und der pädagogischen und psychologischen Auswirkungen chronisch schlechter Schulleistungen ist eine Aufhellung der Genese der Underachievement-Problematik von besonderer Relevanz. Hierbei interessieren, wie angedeutet, besonders die familiären Interaktionen, die Peer-Beziehungen und die Qualität des schulischen Unterrichts. Im optimalen Falle heißt das, alle kontinuierlich an der Erziehung und Unterrichtung Beteiligten (Schule und Elternhaus) sowie fallweise hinzugezogene Experten und Expertinnen, wie (Schul-)Psychologe/Psychologin, Beratungslehrer/in, Sonderpädagoge/-pädagogin, gegebenenfalls auch Kinderarzt/-ärztin, an einen 'runden Tisch' zu bringen und gemeinsam nach realistischen Lösungsmöglichkeiten zu suchen. Die Einbeziehung und Mitarbeit des Underachievers selbst ist dabei, insbesondere bei Jugendlichen, nicht nur empfehlenswert, sondern praktisch ein 'Muss'."

So vielfaltig wie die Ursachen, so vielfältig sind auch die **möglichen Förderansätze,** die, wie Rost andeutet, immer sehr spezifisch auf den jeweiligen Einzelfall bezogen werden müssen. Hier bietet es sich häufig an, u.a. bei folgenden Faktoren anzusetzen:

- Selbstwert verbessern: z.B. realistische – nicht zu hohe Erwartungen im Hinblick auf mögliche Fortschritte und Erfolge; Angebote und Aufgaben müssen den persönlichen Stärken der Schüler/innen entsprechen; vielfältige Erfolgserlebnisse schaffen und diese verstärken.
- Motivationsdefizite angehen: differenzierte Lernangebote in der Schule wie Zusatzprojekte, am Lern- und Wissensstand adaptierte Aufgaben.
- Ergänzende Anreize schaffen: gegebenenfalls auch materielle Belohnungen einsetzen – Token-Systeme.
- Differenzierte Hausaufgaben in zentralen Fächern stellen. Hausaufgaben stets gleich korrigieren und lernwirksames Feedback geben.
- Produktive Kooperation von Eltern und Schule ermöglichen ("runder Tisch")
- Defizite im Lern- und Arbeitsverhalten beheben: Vermittlung fachspezifischer, nicht allgemeiner Lern- und Arbeitstechniken, auch mit Hilfe von Literatur, die von den Schüler/innen selbständig bearbeitet werden können.
- Wissenslücken schließen: individueller Förderplan, gut strukturierte und qualitativ hochwertige Nachhilfe.
- Professionelle Hilfen suchen, entsprechende Angebote machen (Lerncoach, Lerntherapeut/in, Lerntrainings etc.).
- Soziale Probleme angehen: mögliche zusätzliche Projekte/Förderungen, wie z.B.: organisierte Kleingruppen, außerunterrichtliche Angebote anregen und unterstützen.

Schlussfolgerungen zur Förderung der Motivation bei Hochbegabten im Unterricht nach Lehwald, G. (2006):

"Die nachfolgende Übersicht stellt gegenüber, welche Lehr- und Lernstrategien bei hochbegabten Schülerinnen und Schüler als motivfördernd (Pro) und welche motivhemmend (Contra) gelten. Das Ziel besteht darin, Lehrkräfte zum Nachdenken anzuregen und wenn möglich, bei ihnen ein neues Handlungskonzept für den Unterricht anzuregen. Erst in der Summation aller Einzelmaßnahmen wird es möglich, die gewünschte Motivförderung bei Hochbegabten zu erreichen und Motivstörungen, ausgelöst durch permanente Unterforderung (Underachievement), zu vermeiden."

Pro	Contra
Entwicklung intellektueller Tiefe	Reine Wissensvermittlung
Unterstützen von Entdecken und Untersuchen	Einschränken des selbstständigen Problemlösens
Förderung der Kreativität und Unkonventionalität	Bezugsnormorientierung in Leistung und Bewertung
Ermutigende Kommunikation und Anregung	Kein Verständnis für Fehler und Gefühle
Reziproke Erziehung durch Auflösen der Machtbeziehung	Machtorientierte lineare Erziehung
Erziehung zur sozialen Verantwortung (intrinsisch)	Reine Erfolgsorientierung (extrinsisch)

Tabelle 1: "Motivfördernde und motivhemmende Lehr- und Lernstrategien bei hochbegabten Kindern." Lehwald, G. (2006)

Zusammengefasst lässt sich sagen, dass vermutlich das Gefühl, nicht anerkannt zu werden, sowie fehlende Förderung und Herausforderung eine entscheidende Rolle bei der Ausbildung der Underachievement-Problematik spielen, da das Selbstwertgefühl des Kindes darunter erheblich leidet. Es traut sich in der Konsequenz wenig zu, achtet sich selbst gering und kann sich nicht vorstellen, dass es von den anderen gemocht wird. So entsteht eine Art Teufelskreis sowohl auf schulischer wie auch auf sozialer Ebene. Je länger sich das Kind bereits in diesem Teufelskreis befindet, desto schwieriger wird es, die verfestigten Einstellungs- und Verhaltensstrukturen wieder aufzubrechen. Deshalb haben Interventionen umso größere Chancen, je früher sie erfolgen.

4. Verhaltensfragebogen bei Verdacht auf Underachievement

4.1 Entwicklung des Fragebogens

Die Idee, den nachfolgenden Verhaltensfragebogen zu entwickeln, ergab sich bei einem ECHA-Modul auf der Suche nach einem Diplomarbeitsthema. In Gesprächen mit Prof. Dr. Gerhard Lehwald wurde die Idee aufgegriffen, am Thema Underachievement zu arbeiten und einen Verhaltensfragebogen zu entwickeln, der Lehrkräften im Bedarfsfall ermöglichen soll, potentielle Underachiever identifizieren zu können bzw. um den Verdacht auf Minderleistung zu verwerfen oder eben zu erhärten und im gegebenen Fall weitere Maßnahmen in die Wege zu leiten.

Nachdem in der Begabungsforschung und Begabtenförderung Methoden fehlen, die für die Hand von Lehrpersonen geeignet sind, sollte ich auf Prof. Lehwalds Anregung hin gemeinsam mit anderen Kolleginnen mithelfen, Testverfahren, Fragebögen, etc. zu entwickeln, die in oben genannte Richtung gehen. Solche Verfahren sollten aber einfach in der Handhabung sein und trotzdem wissenschaftlichen Standards genügen.

Als ersten Schritt habe ich nach Verhaltensmerkmalen von Underachievern in der Literatur gesucht und wurde bei verschiedenen Autoren und Autorinnen, die sich mit der Thematik auseinandersetzen, fündig. Genannt seien hier z.B. Wittmann, Rost, Mönks & Ypenburg und Lehwald selbst, um nur einige zu nennen.

Nach Auflistung unzähliger Items aus der Literatur habe ich etwa 50 davon ausgewählt. Am Ende des Diskussionsprozesses mit Prof. Lehwald stand eine reduzierte Liste von 35 Merkmalen, denen auf der anderen Seite gegenpolige Antwortmöglichkeiten gegenüber standen. Sie wurden dann in eine Abfrageform gebracht, im Kollegenkreis erprobt und dann durch ECHA-Lehrkräfte evaluiert. Unklare Formulierungen wurden geändert, einige Items heraus- und andere aufgenommen.

So entstand der vorliegende Fragebogen, zu dessen Gelingen auch die rege Korrespondenz mit Prof. Lehwald beigetragen hat.

4.2 Verhaltensfragebogen von Krenner

Verhaltensfragebogen zur Identifikation potentieller Underachiever

Hilfestellung zur Identifikation bei Verdacht auf Underachievement

A2 = linke Aussage trifft voll zu
A1 = linke Aussage trifft eher zu
B2 = rechte Aussage trifft voll zu
B1 = rechte Aussage trifft eher zu
0 = kann nicht genau definiert, zugeordnet werden

	A	2	1	0	1	2	B
1	ist unkonzentriert bei Routineaufgaben						ist meist sehr konzentriert bei Routineaufgaben
2	löst eher schwere Mathematikaufgaben zügig						löst Mathematikaufgaben eher langsam bzw. umständlich
3	stört Unterricht durch ständiges Zwischen- und Nachfragen						stört den Unterricht selten auf fachlicher Ebene
4	mag komplexere Aufgabenstellungen						mag einfache Aufgabenstellungen
5	meldet sich selten im Unterricht						meldet sich sofort um Antworten zu geben
6	verrechnet sich oft, obwohl der Lehrstoff verstanden wurde						verrechnet sich kaum, wenn der Lehrstoffverstanden wurde
7	zeigt besondere Leistungen im außerschulischen Bereich						über außerschulische Leistungen wenig bekannt
8	ist auf einem Spezialgebiet ausgezeichnet (Experte)						ist in mehreren Gegenständen ausgezeichnet
9	verliert die Motivation bei der Routinearbeiten						die Motivation verstärkt sich bei Routinearbeiten
10	hat schnelle Auffassungsgabe bei Einführung neuer Themen						braucht Zeit und Übung, damit etwas "sitzt"
11	trotz Aufmerksamkeitsdefizit gute Beiträge bei schwierigen Themen						bei schwierigen Themen bleibt Mitarbeit aus
12	deutlicher Leistungseinbruch nach früheren sehr guten Leistungen						Leistungskontinuum ist konstant – gleich bleibende Leistungen
13	ergibt sich oft in Tagträumereien						ist im Unterricht bei der Sache
14	stört bei sich wiederholenden Übungsaufgaben						macht Übungsaufgaben ohne Protest
15	lehnt Hausaufgaben ab						bringt jede Hausübung
16	könnte mehr als er/sie zeigt						Leistung entspricht dem tatsächlichen Potential
17	kann sich bei wiederholenden Übungen nicht konzentrieren						arbeitet auch bei öfteren Wiederholungen brav weiter
18	arbeitet ungern in Gruppen, arbeitet gern alleine						arbeitet gerne in Gruppen, arbeitet nicht gern alleine
	Zwischensumme						

A	2	1	0	1	2	B
Übertrag						
19 spielt öfters den Klassenkasperl						verhält sich meist wie der Rest der Klasse
20 ist neugierig bei neuen und herausfordernden Aufgaben						zeigt wenig Neugierde bei neuen Aufgaben
21 beschäftigt sich beim Wiederholen aus Langeweile mit anderen Dingen						ist im Unterricht bei Wiederholungen präsent
22 hat Interesse an schweren Problemaufgaben im Unterricht						hat kein Interesse an Problemaufgaben im Unterricht
23 ist mit den Arbeitsergebnissen nicht (leicht) zufrieden						ist mit den Arbeitsergebnissen (meist) zufrieden
24 zeigt Interesse bei schwierigen Aufgaben und Problemen						schaltet bei schwierigen Aufgaben meistens ab
25 will von Dingen nichts wissen, die nicht eigene Interessen treffen						ist bei den meisten Dingen mit Interesse dabei
26 hat eine geringe Notenmotivation						Notenmotivation ist hoch
27 nimmt am Unterricht kaum teil, bei Befragen aber korrekte Antworten						arbeitet stets oder zumeist mit, die Antworten sind nicht immer richtig
28 hat wenig Lust auf Schule						geht gerne in die Schule
29 ist oft unzufrieden mit den erreichten Resultaten						ist meist zufrieden mit den erreichten Resultaten
30 hat geringes soziales Vertrauen anderen gegenüber						hat hohes soziales Vertrauen in andere
31 erledigt langweilige Aufgaben oft unvollständig						erledigt auch langweilige Aufgaben vollständig
32 hat eher fachliches Urteil über Lehrkräfte und Schüler						hat eher emotionales Urteil über Lehrkräfte und Schüler
33 macht oft Schlampigkeitsfehler bei wiederholenden Aufgaben						macht selten Schlampigkeitsfehler Bei wiederholenden Aufgaben
34 bei schweren Aufgaben innere Anteilnahme vorhanden						Arbeiten werden ohne innere Anteilnahme vollständig erledigt
35 ehemaliges "Flow"-Erlebnis ist verloren gegangen						kein "Flow"-Erlebnis vorhanden
Gesamt						

Auswertung: A2 = 5 Punkte   A1 = 4 Pkt.   **0** = 3 Pkt.   B1 = 2 Pkt.   B2 = 1 Pkt.

Je höher die Punkteanzahl ist, desto wahrscheinlicher wird es sich bei den Kindern um hochbegabte Underachiever handeln.

4.3 Evaluation des Fragebogens "UNDERACHIEVEMENT"

1) <u>Sprachliche Verständlichkeit:</u> Sind die Formulierungen eindeutig und klar?

2) <u>Verständlichkeit gesamt:</u> Wie beurteilen Sie die Idee des Fragebogens?

3) <u>Bewertungsskala:</u> Haben Sie die Bewertungsskala verstanden?

4) <u>Praxisbezug:</u> z.B.: Können Sie sich dabei ein Kind konkret vorstellen?

5) <u>Vorteil:</u> Könnte der Fragebogen vorteilhaft für die pädagogische Arbeit sein?

6) <u>Aufwand:</u> Sind die Länge des Fragebogens und der Zeitaufwand vertretbar?

7) <u>Einsatz:</u> Würden Sie den Fragebogen in der Praxis einsetzen?

Bewerten Sie nun obige Aussagen und verwenden Sie dazu folgende Skala:

+2 Sehr hoch   + 1 hoch   0 durchschnittlich   -1 niedrig   -2 sehr niedrig

		+2	+1	0	-1	-2
1	Sprachliche Verständlichkeit	85,7	14,3	-	-	-
2	Verständlichkeit gesamt	100	-	-	-	-
3	Bewertungsskala	85,7	14,3	-	-	-
4	Praxisbezug	71,4	21,4	7,2	-	-
5	Vorteil	50	42,8	7,2	-	-
6	Aufwand	71,4	21,4	7,2	-	-
7	Tatsächlicher Einsatz	57,2	42,8	-	-	-

4.4 Auswertungsmodus des Fragebogens von Krenner

NAME DES KINDES:

<u>Auswertung mittels Computer (Excel) oder selbständig:</u>

Anzahl der Nennungen A2		x	5	=	0
Anzahl der Nennungen A1		x	4	=	0
Anzahl der Nennungen 0		x	3	=	0
Anzahl der Nennungen 0		x	2	=	0
Anzahl der Nennungen B2		x	1	=	0
	GESAMT				**0**

Die Grenze, ab wann die Möglichkeit von Underachievement besteht, muss erst ausgetestet werden. Sie lag bei Beendigung dieser Arbeit leider noch nicht vor.

4.5 Wissenschaftliche Überprüfung des Fragebogens auf Gültigkeit

Nach Fertigstellung des Fragebogens wurde dieser in weiterer Folge an Frau Kollegin Gabriele Latzko, die zum gegenwärtigen Zeitpunkt bei Prof Lehwald an ihrer Masterthesis mit dem Thema "Underachiever" arbeitet, weitergeleitet. Sie testet ihn nun darauf ab, ob er dem Anspruch, auf einfachere Art und Weise mithelfen zu können, hochbegabte Under-achiever zu identifizieren, genüge tut. Durch verschiedene wissenschaftliche Testverfahren ermittelte sie einige potentielle Underachiever. Dann erhielten Lehrkräfte, die diese Kinder und Jugendliche unterrichten, den vorliegenden Fragebogen.

Eine Validierung bzw. Falsifizierung steht aber leider noch aus, da der Einreichtermin für die Diplomarbeit vor Abschluss der Überprüfung der Underachiever von Frau Latzko lag.

5. Leitfaden für Lehrkräfte: Verfahren bei Verdacht auf Underachievement

Sollten Schulen in Einzelfällen beim Unterrichten von Schülerinnen und Schülern mit besonderen schwerwiegenden (Verhaltens-)Problemen und gleichzeitiger intellektueller Hochbegabung an ihre Grenzen stoßen, dann sollen nach Diehl W. (2006) "Hilfe und Unterstützung so angeboten werden können, dass die schulpsychologischen Ansprechpartnerinnen und -partner Beratung und Diagnostik beitragen und an der Behebung von Verhaltensproblemen und der zugehörigen Erstellung und Umsetzung von individuellen Förder- bzw. Lernplänen sowie an der Koordination externer Hilfe mitwirken."

Wünschenswert wäre, dass die betreffenden Jungen und Mädchen am gewohnten Lernplatz der allgemeinen Schule, ev. mit Hilfe gezielter sonderpädagogischer Unterstützung, verbleiben und erfolgreich ihren Schulabschluss erwerben können.

Insgesamt sollten für alle Beteiligten die folgenden Fragen im Vordergrund stehen:

- Wie kann man dem Kind helfen und nutzen?

- Kann man ev. gemeinsam etwas effektiver leisten?

- Wie kann zusammen bewirkt werden, dass die Kollegien der Stammschulen die angebotene Hilfe von außen annehmen?

- Wie können wir gemeinsam das Beste für das Kind bzw. den Jugendlichen erreichen? Eine enge und vertrauensvolle Zusammenarbeit mit den schulpsychologischen Ansprechpartnern zu diesem Thema ist in jedem Einzelfall erforderlich.

5.1 Gespräche im Kollegium und mit Erziehungsberechtigten

Gespräche bei Problemen helfen immer, im Normalfall auch solche mit den Erziehungsberechtigten. Vorher sollte allerdings noch im Kollegium erhoben werden, inwieweit die Auffälligkeiten nur auf einen oder doch mehrere Gegenstände beschränkt sind. Ein Meinungsaustausch, um die richtigen weiteren Maßnahmen setzen zu können, ist jedenfalls notwendig.

Eltern sollten ihrem hochbegabten Kind soweit wie möglich dabei helfen, seine Spezial-interessen zu verwirklichen und daneben neue Hobbys in gemeinsamen Unternehmungen für sich zu entdecken. Erfolge in isolierten Bereichen können sich positiv auf den gesamten Leistungsbereich auswirken, weil das Kompetenzerleben und damit das Selbstwertgefühl des Kindes gestärkt werden. Aufrichtiges und wohldosiertes Lob für Bemühungen und Leistungen kann beflügeln. Günstig ist auch die Förderung eines selbstbewussten und dennoch nicht überheblichen Umgangs mit Fähigkeiten und Begabungen. Das Kind sollte anerkennen, dass *jeder* Mensch Stärken, Talente und Schwächen hat.

Diese Botschaft, gepaart mit dem Hinweis, dass in der Schule Förderungsmaßnahmen für das Kind angeboten werden, sollte im Mittelpunkt eines Elterngespräches stehen. Die Erziehungsberechtigten sollen erkennen, dass sich die Schule für das Wohl des Sohnes, der Tochter einsetzt und sie Möglichkeiten aufzeigt, wie gemeinsam, ev. noch unter Hinzuziehen von psychologisch geschulten Fachkräften (z.B. Schulpsychologe, -psychologin), auf breiter Basis eine Lösung des Problems gefunden werden kann.

5.2 Einsatz des Fragebogens

Lehrkräfte sind ausgebildet, die Leistung ihrer Schüler zu beurteilen – nicht aber das kognitive Potential. Eine Identifikation von Hochbegabten mit schlechten Schulleistungen und gegebenenfalls weiteren Problemen ist für Lehrkräfte ausgesprochen schwierig. Die Begabung hochbegabter Underachiever (und insbesondere derjenigen mit schwerwiegenden Problemen) wird nach vorliegenden wissenschaftlich gesicherten empirischen Ergebnissen überwiegend übersehen.

Derzeit wird gerade an mehreren Fronten gearbeitet, um neue Verfahren zur Erfassung von Motiv- und Persönlichkeitsqualitäten hochbegabter Problemkinder auszuprobieren und zu entwickeln. Er hat vor, nach einer gründlichen Überprüfungsphase, alle Methoden in einer Handanweisung so aufzubereiten, dass der zielgerichtete Einsatz in der hochbegabt-beratenden Schul- und Bildungspraxis möglich wird. Auch aus diesem Grund wurde der vorliegende Fragebogen entworfen. Er soll ein Schritt zur leichteren Identifikation potentieller Underachiever sein und mithelfen, diesen hochbegabten Problemkindern schrittweise Förderungsmaßnahmen zuteil werden zu lassen.

5.3 Information der Schulaufsichtsbehörden, Anforderung der Schulpsychologie

In den Fällen von hochbegabten Underachievern mit besonderen schwerwiegenden Problemen sollte auch die übergeordnete Schulaufsichtsbehörde informiert werden. Auf Anforderung seitens der Direktion bleiben aber die schulpsychologischen Ansprechpartnerinnen und -partner für das Thema Hochbegabung die ersten Anlaufstellen. Diese sollen dann die betreffenden Schülerinnen und Schüler bei Bedarf an besonders geschulte Psychologen und Psychologinnen weiterleiten.

5.4 Schulische individuelle Begabtenförderung als echte Herausforderung zur Verminderung der Unterforderung

Es soll in jedem Fall das Individuum im Mittelpunkt des pädagogischen Bemühens stehen. Eine Besserung bzw. Linderung der Underachiever-Problematik kann nur durch individuelle Begabtenförderung (siehe Maßnahmenkatalog in Kap. 2 und 3) gelingen. Voraussetzung dafür ist auch das Anerkennen der Komplexität seitens der Lehrkräfte. Insofern wird es eine herausfordernde Aufgabe für alle Lehrerinnen und Lehrer sein, sich mit diesem Thema, falls notwendig, in der Praxis auseinanderzusetzen.

Walter Diehl (2006) empfiehlt den Lehrkräften: "Sie sollten im Bedarfsfall psychologische Hilfe für Beratung und Diagnostik sowie gegebenenfalls auch sonderpädagogische Unterstützung bei der Erstellung und Realisierung von individuellen Förder- bzw. Lernplänen suchen und tatsächlich in Anspruch nehmen. Eine Förderung sollte an den folgenden Aspekten bzw. Problembereichen ansetzen: Selbstwertproblematik, Persönlichkeitsstörungen und Verhaltensauffälligkeiten, soziale Probleme, Motivations- und Lerndefizite, Aufarbeitung von Wissenslücken."

5.5 Zusätzliche therapeutische Hilfe

Wie oben beschrieben sollten bei schwerwiegenderen Problemen therapeutische Maßnahmen gesetzt werden.

Falk-Frühbrodt schreibt in ihrem Artikel über hochbegabte Minderleister, dass andere möglichen Ursachen für Underachievement den psychischen Bereich betreffen. Manche Kinder bzw. Jugendliche wollen nur in den sie interessierenden Bereichen Leistung erbringen, verheimlichen Kenntnisse und Fähigkeiten, um nicht als Streber zu gelten oder sind aufgrund anhaltender schulischer Misserfolge in einem Zustand der "erlernten Hilflosigkeit" (vgl. Seligmann). Das ist das Gefühl, das sich einstellt, wenn ein Mensch wiederholt erlebt, dass er eine Situation nicht beeinflussen kann, gleichgültig wie sehr er sich anstrengt. Mit der Zeit stellt dieser Mensch seine Bemühungen ein, wird depressiv und verzweifelt an sich und der Welt. In diesem Falle können eine Psychotherapie und die Vermittlung passender Lern- und Arbeitstechniken helfen.

6. Diskussion und Ausblick

Von der besonderen Thematik um minderleistende Hochbegabte angetan, wurde eine Auseinandersetzung mit der Problematik versucht – theoretisch wie praktisch. Die Essenz der vorliegenden Diplomarbeit liegt aber in dem Verhaltensfragebogen, der trotz der mit zwei Seiten in geringen Umfang gehaltenen Länge, die meisten zeitlichen Ressourcen verbrauchte. Das Schwierige daran war die Auswahl typischer und fast ausschließlich nur auf Underachiever zutreffende Merkmale. Es sollte kein Fragebogen für Verhaltensauffällige, nur "normal" Hochbegabte, etc. sein, sondern eben zugeschnitten auf hochbegabte Underachiever.

Eine weitere Zielsetzung war natürlich, neben einer akzeptablen Länge, auch die praxisorientierte Ausrichtung des Verhaltensfragebogens, sodass er im Bedarfsfall auch tatsächlich angewendet wird.

Als nächster Schritt wird nun die Information der Lehrkräfte angestrebt, um ihnen ein Instrument in die Hand zu geben, das ihnen helfen könnte, potentiell hochbegabte Underachiever identifizieren zu können und somit v.a. den Kindern und Jugendlichen, die von dem "Problem" betroffen sind, Hilfen und individuelle Fördermöglichkeiten anbieten zu können.

Abschließend gilt es noch an alle Lehrkräfte zu appellieren, sich aller "nicht normal" begabten, leistungsschwächeren oder -stärkeren Schüler anzunehmen. Es wird auch im Bereich der Lehreraus- und -fortbildung notwendig sein, sich dieses Themenkomplexes vermehrt zu widmen und das Lehrpersonal für die Materie zu sensibilisieren.

In Zukunft sollte ein vermehrtes Differenzieren der Lernangebote mithelfen, allen leistungsmäßig gerecht zu werden. Die Maßnahmen für den Bereich der Begabtenförderung sollten Einzug im "Normalunterricht" halten, da die praktische Umsetzung der Methoden für alle Kinder von Vorteil wäre. Selbstverantwortliches, selbst gesteuertes, von intrinsischer Motivation getragenes Lernen, mit dem Ziel sich lebenslang weiterbilden zu wollen, sollte bildungspolitisch und vor Ort umgesetzt in den Schulen an oberster Stelle stehen. So könnte man den individuellen Stärken und Schwächen der Schülerinnen und Schüler gerecht werden und ihnen für ihr weiteres Leben, privat wie beruflich, Werkzeuge mitgeben, es erfolgreich zu meistern.

7. Literaturverzeichnis

Bücher:

Lehwald, G. (2006), *Motivationsdefizite bei hochbegabten Problemkindern. Zu einigen diagnostischen Grundlagen frühzeitiger Erfassung durch Lehrpersonen.* In: Kongressbericht *"Versteckt-Verkannt-Verborgen" – Erkennen und Fördern hochbegabter Underachiever:* 5. Internationaler Kongress zu Fragen der Hochbegabtenförderung Salzburg 2006.

Mönks, F.J. & Ypenburg LH. (2005), *Unser Kind ist hochbegabt.* München, Basel: Reinhardt.

Rost, D.H. (2006), *Underachievement aus psychologischer und pädagogischer Sicht.* In: Österreichisches Zentrum für Begabtenförderung und Begabtenforschung (Hg.): News & Science Nr. 15, Jänner 2007. Salzburg, 8, 9.

Stapf, A. (2003), *Hochbegabte Kinder – Persönlichkeit, Entwicklung, Förderung.* München: C.H. Beck.

Stern, W. (1916), *Psychologische Begabungsforschung und Begabungsdiagnose.* In: Petersen P. (Hrsg.): *Der Aufstieg der Begabten.* Teuber, Leipzig.

Wagner, H. (2006), *ÖZBF-Kongress. Zusammenfassung der Ergebnisse.* In: Österreichisches Zentrum für Begabtenförderung und Begabtenforschung (Hg.): News& Science Nr. 15, Jänner 2007. Salzburg, 4-7.

Wittmann, A.J.& Holling H. (2001), *Hochbegabtenberatung in der Praxis.* Göttingen: Hogrefe.

Internetlinks:

Falk-Frühbrodt, C., *Hochbegabte Minderleister.* – 23.2.2007 um 14:42 In: http://iflw.de/wissen/hochbegabung.htm

8. Anhang

Evaluation Fragebogen "UNDERACHIEVEMENT"

1) <u>Sprachliche Verständlichkeit:</u> Sind die Formulierungen eindeutig und klar?

2) <u>Verständlichkeit gesamt:</u> Wie beurteilen Sie die Idee des Fragebogens?

3) <u>Bewertungsskala:</u> Haben Sie die Bewertungsskala verstanden?

4) <u>Praxisbezug:</u> z.B.: Können Sie sich dabei ein Kind konkret vorstellen?

5) <u>Vorteil:</u> Könnte der Fragebogen vorteilhaft für die pädagogische Arbeit sein?

6) <u>Aufwand:</u> Sind die Länge des Fragebogens und der Zeitaufwand vertretbar?

7) <u>Einsatz:</u> Würden Sie den Fragebogen in der Praxis einsetzen?

Bewerten Sie nun obige Aussagen und verwenden Sie dazu folgende Skala:

+2 Sehr hoch   + 1 hoch   0 durchschnittlich   -1 niedrig   -2 sehr niedrig

		+2	+1	O	-1	-2
1	Sprachliche Verständlichkeit					
2	Verständlichkeit gesamt					
3	Bewertungsskala					
4	Praxisbezug					
5	Vorteil					
6	Aufwand					
7	Tatsächlicher Einsatz					

<u>Anmerkungen, Ideen, Anregungen, Kritik. Feedback:</u>